フライトタイム2万時間 **黒木安馬** YASUMA KUROKI
元JAL国際線チーフパーサーが教える

ファーストクラスの心配り

The First Class Hospitality

プレジデント社

はじめに

言い方ひとつで
"おもてなし"の気持ちが伝わる！

　好かれる人、嫌われる人。
　あなたは、この人とずっと一緒にいたいと思われるか、それともその逆なのか。

　人は同じようなことを言っても、好かれる人と嫌われる人に分かれます。誰ひとりとして、嫌われようとして生きている人などいません。みんな懸命に生きて、よかれと思って行動しているのに、なぜか評価が分かれてしまうのです——。

　私は、JAL国際線の客室乗務員として世界の空の"飛び職"、雲の上で30年、フライトタイム2万時間、地球を約860周しながら、世界中の人々をつぶさに観察してきました。
　管理職乗務員として、部下のチーフパーサーたちや大勢のキャビン・アテンダント（CA）を教育指導しながらの乗務、主な舞台は世界のVIPが居並ぶファーストクラス空間でした。
　世界中にはこういう人にはなりたくないなという「反面教師」がいる半面、私もこのような人になりたいものだ！と手本にしたい「正面教師」と思える人を、部下も含めて大勢見てきました。

では、好かれる人たちの世界中の共通点は何なのでしょうか？
　人に好かれる、喜ばれる対人関係の達人は、同時に接客の鉄人でもあります。

　接客で大切な"おもてなし"とは、ひと言でいうと、相手を気持ちよくさせる応対です。
　それは言葉かけの方法だけでも、大きく違ってきます。
　たとえば暗くした機内でお客さま全員がゆっくりとお休みになられる中、誰かが窓のシェイドを開けて明るい外を見ていたとします。
　何人かのお客様が迷惑顔でいるときに、CAが「恐れ入りますが、お閉めいただけますでしょうか」と丁寧な口調でお願いしたとします。ところがいくら丁寧な言葉であっても、この言葉の根底にあるのは「閉めてください！」という命令形です。よって、お客さまは叱責されたのと同じ不快感を味わいます。
　スマートなCAは、「少々、眩しくございませんか……。何かお飲み物をお持ちいたしましょうか？」とほほ笑みながら婉曲にアプローチし、フォローします。普通だったら、ほとんどのお客さまは、「あっ、周りは迷惑なんだな」と気づいてくれます。そしてお客さまは自発的に行動して窓を閉め、そのCAの心配りと優しさにホッとして好感を抱きます。
　人間の身体は大きく分けて、2つの自律神経がバランスをとって生活しています。

リラックスして愉快に楽しくしているときには副交感神経が働いて、脳内はα波になり、このときは血行も生理作用も活発になって体力を復活再生させる癒やしの時間となります。
　一方、人間とて動物ですから、身を守るためには戦う闘争か、逃げる逃走かが必要になります。これでは脳内は緊張を強いられるストレス・モード時に流れる交感神経、β波状態になり、血管は収縮して血流は速くなって、筋肉は始動モード全開で硬直し、警戒態勢をとります。
　DNA遺伝子工学の権威、村上和雄博士によると、過剰なβ波は遺伝子を傷つけて万病のもとだといいます。
　よい遺伝子をスイッチONにするにはα波状態が必須とのこと。

　リラックス自由時間のα波と、ストレス仕事モードのβ波。

　これは人間関係も同様で、パートナーも気の合う仲間も、α波を出し合えるから一緒にいるのです。相手にも、それ以上に自らにもα波を出せるかどうかが、好かれるか嫌われるかの分岐点。
　相手を攻撃するだけの一方通行であるドッジボールを投げるか、あるいは、受け取りやすいように優しく投げて、同じように投げ返してもらえるキャッチボールをするのか。
　わずかなその態度の違いだけで、好かれる人、嫌われる人に分かれるのです。

ほんのちょっとしたプラスαがあなたを大きく変身させます。
　他人との競争比較であるβ波の「成功者」ではなく、今の自分を最高の部下として迎え入れたいと思うかの愉快なα波の「成幸者」。

　神様は言います、『人生お一人さま1回限りとさせていただいております』と──。
　同じ人生であれば、今の自分と握手がしたい！と言えるような日々を過ごそうではありませんか。

『ファーストクラスの心配り』
目次

第1章
感動を生み出すおもてなしの原点は、
つねに"Only for You"である　……15

1　パンを温めて配る。
その場でできる最善のことをして
お客さまに喜んでいただくのが真のサービス

2　お客さまから
グッド・コメントをいただくのは
新人の客室乗務員が圧倒的に多い!?

3　老婦人の言葉に心を動かされた
客室乗務員のマニュアルにはない
「おせっかいな」サービスとは?

4　接客は双方向のコミュニケーション。
お客さまの感動が
接客する側をもハッピーにする

5　パイロット訓練生の
ぎこちない機内サービスが
乗客たちに感動を呼んだ

6　接客のプロが見せる
"Only for You"のサービスが
お客さまの心を大きく動かす

7　サービスで最も大事なのは
"スマートな気配り"ではなく
"素朴な心配り"

8　名前で声をかけることは
お客さまへの関心や親しみの表れ。
想像以上の効果がある

9　ハイテクの時代だからこそ
人と人とのふれ合いを大事にした
ハイタッチのサービスが感動を生む

第2章
ホスピタリティの達人は、つねに「1つ聞いて、1つ褒める」 ……39

10 気遣いを相手に悟らせず
さりげなく行き届いたサービスをするのが
日本流のおもてなし

11 心を動かすサービスは
スポット・カンバセーションから
始まることが多い

12 アイコンタクトから
接客はスタート。
優しい表情でお客さまを見つめたい

13 加賀屋が34年も日本一の旅館なのは
「1つ聞いて、1つ褒める」という接客を
徹底して続けてきたから

14 理想的な人間関係は
笑顔に始まり笑顔に終わる。
割り箸を使って笑顔の練習を——。

15 サービスは
人間の心に住む3匹の"タイ"と
仲良くすることから始まる

16 満面の笑みで
お客さまをお迎えしたとたん
クレームが激減した

17 アイス・ブレーキングは
オウム返しに返事ができる挨拶で。
お客さまとの距離を一気に縮めよう

18 コミュニケーションの基本は
共感・質問・復唱

19 挨拶、笑顔、身だしなみ……
接客の5つの基本は
しっかり身につけておく

20 日本の美しい作法。
お辞儀は
先語後礼と目切りが大切

21 つかず離れずが基本。
お客さまのニーズを先取りする
日本旅館の「おもてなし」

第3章
「最大のライバルは同業ではなく、お客さま」
この考え方が素晴らしいサービスを生む ……………69

22 お客さまに接する際には
「魅力的な仮面」と言葉で
楽しんでもらう

23 最大のライバルは「お客さま」
お客さまと競い合うことで
素晴らしいサービスが実現する

24 接客の改善点やヒントが
示されているクレームは
お客さまからの最大のエール

25 人間関係は互いが発する
波動に影響される。
相手を好きになることが第一歩

26 初めてのお客さまには
常連のように。
常連の方には初めてのお客さまのように

27 トラブルの「発火点」に気がついたら、
お客さまのニーズを先取りして
適切なフォローを心がける

28 第一印象はラスト・インプレッション。
最初の出会いを大切に

29 相手の立場に立った親愛の
3つの「カケル」の動作から
お客さまとの関係はスタートする

第4章
心に寄り添ったサービスには「リピーターのお客さまが74％以上」つく......91

30 自分を最高の部下として使いたいか?
その問いと向き合うことで
人は伸びていく

31 サプライズ・サービスは
場合によってはサービスの押し売りと
なって顰蹙を買うことも

32 マナーとは相手に
嫌な思いをさせないこと。
面前でマナー違反を指摘するのは
最大のマナー違反

33 まずは先輩の真似から。
経験と技術の蓄積である
暗黙知を身につける

34 日常的なミスを軽く考えずに
原因を調べ、対策を立てることで
大きな事故を未然に防ぐ

35 「LEADER」
の6文字に示された
理想的なリーダーの心得

36　心に寄り添ったサービスをすることで
　　リピーターのお客さまが
　　74%を超える

37　小さなほころびを見逃さず
　　最高の状態を保つことが
　　最高のサービスにつながる

38　最高のおもてなしには
　　スタッフへの「権限委譲」と
　　「評価」が欠かせない

39　湯布院を日本有数の
　　人気温泉地に育てた
　　たった1つの理由とは？

40　ホテルのパーティーの日程変更が
　　スタッフに伝わっていなかった。
　　さて、処分されたのは誰？

第5章
サービスの極意はできない理由ではなく、「どうすればできるか」を考える … 121

41　最高のおもてなしは
　　「パッション、ミッション、ハイテンション」
　　から生まれる

42　お客さまに瞬時に対応して
　　表現力豊かに接客できる
　　即興力が求められる

43　スタッフ同士の理解と協力が
　　感動を呼ぶ。
　　素晴らしいサービスを実現した
　　リッツ・カールトンの人々

44　子供のアイディアでも
　　それが良いものなら、
　　柔軟な頭で取り入れる

45　「頭で理解する」のではなく
　　「行動に移す」ことができるかで
　　その後に大きな差が生まれる

46　50代で客室乗務員から転身。
　　挑戦を続けることで
　　チャンスを生かす

47　サービスで大切なことは
　　いかに「ノー」を言わずに
　　お客さまに対応できるか

48　「お待ちください」は命令形
　　命令しない美しい表現で
　　お客さまに接することができるか？

49　前代未聞のカラオケ・フライトを実現させたのは
　　「やればできる！」の精神だった

50　おもてなしはイエスの論理で。
　　「知らない」「できません」を
　　言わない対応を心がけたい

51　100×0はゼロ。
　　100×1は100。
　　たった一歩の行動が大きな違いとなる

第6章
いかに事前の準備ができるか。
待ち時間の過ごし方で真価は決まる　149

52　1日1回
　　自分と握手できることをする。
　　その積み重ねが相手に大きな感動を与える

53　認めて、褒めて、肯定する。
　　"ミホコ"さんで接すると
　　お客さまはハッピーに

54　金メダルを取った人たちは
表彰台でのガッツポーズを
イメージしている人たちだった

55　今日ヤラないことは10年経ってもヤレない！
人生という旅の目的地を定めたら
今日から実行に移す

56　最も大切な財産は「心構え」。
それさえあれば人は何度でも
立ち上がることができる

57　反面教師ではなく、
「正面教師」から学ぶことが
成功への道の第一歩！

58　「なるほど」は
相手を認める万能言葉。
「しかし」は相手と距離を置く拒絶言葉

59　人生は多くの待ち時間から構成されている。
待ち時間をどう過ごすかで
その人の真価は決まる

60　毎日、プラスの言葉を
10回口に出していれば夢はきっとかなう

61　よいことを思えば
そちらの方向に身体は動く。
プラシーボ効果でポジティブに

62　フライトで出会った
人生の成功者たちには
5つの共通点があった

63　カップに届かないボールは
絶対に入ることはない。
タイガー・ウッズのプレースタイルに学べ！

64　人生の「成功」は
ナンバーワンではなくてオンリーワン。
人の数だけ成功はある

第1章

感動を生み出すおもてなしの原点は、つねに"Only for You"である

1

パンを温めて配る。
その場でできる最善のことをして
お客さまに喜んでいただくのが
真のサービス

第1章
感動を生み出すおもてなしの原点は、つねに"Only for You"である

私はJAL国際線の客室乗務員として、ファーストクラスを中心に30年間、搭乗された皆さまへ接客する仕事をしてきました。
　まだ私が駆け出しだったころのこと、南回りしかなかったヨーロッパ行きの便に搭乗したことがあります。乗務員は途中で交代しますが、お客さまは香港、バンコク、ニューデリー、テヘランなど各国の都市を回って17時間かけてロンドンやパリまでフライトする長旅でした。

　エコノミークラスの食事では、ビニール袋に入った冷たいパンを出していましたが、その便は比較的すいていたので私はパンを取り出し、ファーストクラスと同じようにオーブンで温めることを思いつきました。
　ホカホカのパンをリネンを敷いたバスケットに盛りつけ、CA（キャビン・アテンダント）たちが持ち回ってサービスしたところ、お客さまは大喜び。
　冷え切ったパンと、温かいパンとでは雲泥の差があります。「お一人さま1個です」とお断りしながら笑顔で配りました。
　もっとも上司からはコテンパンに叱られました。「次の乗務員が普通どおりのサービスをしたら、この前と違う、とクレームにつながるぞ！」というのが彼の理屈でした。

　数カ月後、私は本部長表彰を受けました。お客さまのコメント・カード（ご利用いただいたフライトについてのお客さまの感想や意見を社長宛にお書きいただく用紙）に、私の「個人プレー」を高く評価する記述が多数あったからです。
　サービスとは、その場その場でできる最善のことをすること──。
　お客さまが本当に喜んでくだされば、それでいい。駆け出しのころに思ったサービスへの考え方は、私の心に刻み込まれています。

2

お客さまから
グッド・コメントをいただくのは
新人の客室乗務員が
圧倒的に多い!?

第1章
感動を生み出すおもてなしの原点は、つねに"Only for You"である

搭乗後にお客さまからのご意見をいただくコメント・カード。集めたコメント・カードは、管理職が閲覧できるように回ってきて、バッド・コメントに関しては、該当する乗務員に「事情聴取」し上層部に報告書を提出。お客さまには正式なお詫びや釈明の手紙が本社から送られることになります。

　一方グッド・コメントも細かくチェックされ、素晴らしいサービスが認められたCAは表彰されます。そして大変興味深いのはグッド・コメントをいただくのは、ベテランよりも新人のCAが圧倒的に多いのです。
　客観的に見て接客のスキルはベテランのCAのほうが上です。食事の準備やサービス、そしてお客さまのご要望をスマートにこなしていくのはベテランのCAたち。忙しいときには用事を頼まれないようお客さまと視線を合わせないようにして (!?)、自分の仕事を優先させるといったそつのなさも身につけています。

　一方の新人CAはそうした「技」はまだ、持ち合わせていません。あちこちでお客さまから声をかけられ、ご要望に応えるため、あたふたと何度も機内を行き来します。
　そのサービスは決して洗練されたものではありませんが、お客さまのためにひたむきに頑張っていることは伝わります。そしてお客さまの評価はこうした"Only for Me"のサービスが実現されたときに、賞賛へと変わるのです。
　新人CAのサービスは心許ないところがあったとしても、お客さまに喜んでいただこうという真摯な思いにあふれています。その思いがダイレクトに伝わり、お客さまの心を動かし、グッド・コメントを生み出しているのです。

3

老婦人の言葉に心を動かされた
客室乗務員の
マニュアルにはない
「おせっかい」なサービスとは？

第1章
感動を生み出すおもてなしの原点は、つねに"Only for You"である

ロンドン行きのJAL401便に、ご主人、そして娘さんと一緒に搭乗されたその老婦人の目的は「慰霊」でした。第2次世界大戦後、お父様がシベリアに抑留されたまま、その方が10歳のときに亡くなられたのです。

　このお客さまから「シベリア上空の通過時間を知りたい」「バイカル湖上空の通過時間は何時ころですか」と尋ねられたCAは、「なぜそのようなことを知りたいのだろう」という疑問を抱きました。
　そこで通過時刻をお知らせしたときに「理由をおうかがいしてもよろしいでしょうか」とさりげなく尋ねたところ、事情をお話しいただいたのです。すでに現地で墓参もしているけれど、今回は空の上からお参りをしたいとのことでした。
　強く心を動かされたCAは、お父様が好きだったという飲み物と蕎麦を用意し、窓から景色がよく見える機体後方部にあるドアの窓の近くにお供えしました。そしてお墓の上空を通過する時刻にお客さまとご家族をその場にご案内したのです。上空から家族と一緒に献杯されたお客さまは、しばらく物思いにふけり、涙していたといいます。
　後日、CAの厚意に深く感動されたお客さまの投書が朝日新聞で大きく取りあげられ、多くの方からも賞賛や感動の言葉がJALに届けられました。

　お客さまからの質問に答えるだけでもこのCAは役目を果たしています。そこをもう一歩踏み込んで事情をうかがい、お参りのために心づくしの準備をしたのは、マニュアルにはない自主的な行動です。人によっては「余計なこと」と判断するかもしれません。
　お客さまのために何かをしてあげようと思った、彼女のその余計な「おせっかい」な行動こそがお客さまを感激させたのです。

4

接客は双方向の
コミュニケーション。
お客さまの感動が
接客する側をもハッピーにする

第1章
感動を生み出すおもてなしの原点は、つねに"Only for You"である

サービス業は、お客さまと気持ちを通じ合わせる「コミュニケーション業」といえます。
　気苦労も多く、身体的にもハードで大変ではありますが、それでも頑張って続けられるのは「お客さまに喜んでいただけたときの感動が何事にも代えがたいから」です。
　これは私自身の経験からも深く納得するところです。

　JALでは人事考課でCAたちに記入してもらう用紙に、「この1年間、職場で一番充実感を得たのはどんなことか？」という質問がありました。
　あるCAは「降機されるお客さまに、"飛行機に乗っていてこんなにくつろいだ思いをしたのは初めてだよ。まるで昔からの友人の家に遊びに来たようだった"とおっしゃっていただき、本当に心からこの仕事を続けていてよかったと痛感し、涙が出るほど嬉しかった」と書いていました。これぞ接客業の冥利につきる言葉です。

　このCAはいくつかの挫折も経験し、職場でも精神的な振幅が大きいこともあったりと、上司としては注意して見守る必要のある人でした。この感想を読んだときに、彼女が接客という仕事をひたむきに行うことで、お客さまに救われていることがわかり、接客業の奥の深さを知りました。
　お客さまのためになるようにと一生懸命、接客をすることがお客さまを感動させ、その感動が今度は接客を行っている本人自身を幸せにする──。
　接客とは決して一方通行のコミュニケーションではないのです。

5

パイロット訓練生の
ぎこちない機内サービスが
乗客たちに感動を呼んだ

第1章
感動を生み出すおもてなしの原点は、つねに"Only for You"である

あるとき、パイロット訓練生が搭乗することになりました。行きの便でコックピット内の実技訓練をし、帰路は、お客として乗って帰るという片道だけの研修フライトです。

「よろしくお願いいたします」と礼儀正しく挨拶するフレッシュな彼らを見ていて、私はあることを思いつきました。
　それは未来のキャプテンたちに客室乗務員の仕事を経験させるというもの。パイロットとして本格的に業務につけば操縦席で前方だけを見据えていかなくてはなりません。後方の客室の様子を見るチャンスはないのです。

「お客さまあっての商業エアラインだから、接客を体験しておくのは重要なことだ。背中の後ろで何が起きているのかを察知しながら操縦するのが、一流のキャプテンというものだろ？」
　管理職は、機長と私だけ。私の言葉にとまどいの色を見せるパイロット訓練生たちに、CAのエプロンをつけさせて、接客の仕事をさせたのです。

「あのぉ、コーヒーはいかがです……かぁ」

　おどおどとキャビンに立ち、コーヒーを注ぐエプロン姿の男たちに機内は大好評。
　反対側の通路ではベテランのCAがきびきびと日本茶をついで回り、そつのないサービスを見せています。一方の訓練生たちは、お客さま一人ひとりの顔を見て「コーヒーはいかがですか」と聞いて、相手の返事があるまでじっと待っているので、なかなか先へ進みません。ところがむしろ、そのぎこちない様子を評価していただけたようで、我も我もとお客さまがコーヒーを希望するので仕事はまっ

たくはかどりませんでした。
　それでも一生懸命、実直に仕事を進める姿に「ガンバレよ、若いの！」と激励の声もかかり、機内は好意的な笑いに包まれました。

　てきぱきと仕事のできるベテランCAより心許ないパイロット訓練生のサービスにお客さまが感動したのは、愚直なまでに一人ひとりのお客さまに相対する彼らの姿に心を動かされたからでした。
　一生懸命接客をする訓練生たちを見て、私もまた接客の原点をあらためて確認したのでした。

6

接客のプロが見せる
"Only for You"のサービスが
お客さまの心を大きく動かす

　航空機の客室乗務員は、同時に多くの仕事をこなさなくてはなりません。客室前方から最後尾のギャレー（調理場）まで足りないものを取りに行く間にも、お客さまたちからは毛布や飲み物、雑誌とさまざまなことを頼まれます。

　人間は一度に覚えられることは7つまでと言われていますが、CAはその能力の限界に挑戦することもしばしば。「必要な物を補充する」という本来の目的を遂行した後、お客さまに頼まれたものを提供しながら持ち場に戻っていきます。しかもトイレにお客さまをご案内するといった新たな仕事が加わることも……。

　ベテランのCAは一つひとつの仕草も滑らか。忙しいときは、お客さまに不快感を与えないように、上手に優先順位をつけて仕事を進めます。地上よりも空気が薄い1万メートル上空の機内でも、上下左右に揺れながら、笑顔を絶やしません。

こうしたベテランのCAの素晴らしいサービスはお客さまに感心されますが、それが賞賛に変わることがあります。それは"Only for You"のサービスをしたときです。

　たとえば、「今日は私たちの50年目の結婚記念日なんです」と話しかけてきた老夫婦に、「おめでとうございます！　私たちの気持ちです」と、機長以下の全員が寄せ書きした色紙を、周りのお客さまにも聞こえるように渡し、拍手を誘うような演出をしたり……。

**　一人ひとりのお客さまを見守って、その人のためだけに心遣いを見せると、お客さまは心を揺さぶられます。**特に常にそつのない高レベルのサービスを提供するCAの特別な心遣いがお客さまの心に届いたときに大きな感動が生まれます。
　熟達したスキルは感心され、そしてお客さまの気分をよくさせます。そして"Only for You"のサービスはお客さまの心を大きく動かし、賞賛を受けるのです。

7

サービスで最も大事なのは
"スマートな気配り"ではなく
"素朴な心配り"

　日本は「気配り」をとても大切にする社会です。雨が降っている日に、狭い道ですれ違う際に互いに傘を傾けて道をゆずる「傘かしげ」のような美しい習慣もあります。人に対してさりげなく、思いやりや気遣いを見せる感性が日本人はとても豊かです。

　接客の仕事に従事する人たちには「気配り」の達人が揃っています。さりげなくグラスに水を足したり、ちょうど食べ終わる頃合いで次の料理をサーブしたり、洗練された気配りに感心する方も多いでしょう。

　こうした「気配り」の大切さを重々理解したうえで、私は、サービスや接客において最も大切なのは「気配り」ではなくて「心配り」だと考えています。

　気配りと心配り、いったいどのように違うのでしょうか。

　たとえばパーティー会場から、道に詳しくない友人が一足先に帰

ることになりました。外を見ると雨が降りだしたところです。こんなときに傘を貸して、かつ最寄り駅までの行き方を説明してあげたとしたら、あなたは気配り豊かな素晴らしい友人です。

　ところでもし、パーティー会場から中座して帰るのが、田舎から出てきた両親だったらどうでしょうか。雨に濡れないか、慣れない場所で道に迷わないかと心配になって、きっと傘をさしかけて、両親を駅まで送り届けるでしょう。

　心配りとは家族を「心配」するような深い愛情で、人のことを気にかけることなのです。

　高齢のお客さまに対して、座席の使い方やトイレの案内、搭乗ゲートの案内などをそれこそ自分の両親に対するようにしているCAがいました。

　その接客はあまりスマートではありませんでしたが、多くのお客さまから感謝されていました。**サービスで最も大事なのはスマートな気配りではなく、時に素朴にも見える「心配り」。**
「そこまでやってくれる、プラスαのおせっかい」、その心配りがお客さまに伝わったときに感動が生まれるのです。

8

名前で声をかけることは
お客さまへの関心や親しみの表れ。
想像以上の効果がある

　最近では「○○さま、ご利用ありがとうございます」と、お客さまの名前をお呼びする接客が日本でも広がってきました。

　相手の名前を必ず会話の中に入れて呼びかける「バイ・ネーム(By Name)」は、人間関係においては想像以上に大きな影響を及ぼします。

　数回行ったお店で、「いらっしゃいませ」のひと言の後に「いつもご利用いただきありがとうございます」という言葉が加わると、「あ、私のことを覚えていてくれているんだ」と気持ちがいいものです。さらに「○○さま」という名前での呼びかけが添えられたら完璧。

　ほとんどのお客さまが、以降、そのお店を行きつけのお店にするはずです。名前で呼ぶ行為は相手に対する関心や親しみの深さを表します。**さらに接客の場合ですと「私の名前を覚えている→大切にされている」といった満足も加わり効果は大きいのです。**

数あるお客さまの名前を把握するのはそれほど簡単なことではありません。機内では搭乗名簿がありますが、普通のお店はお客さまの名前がわからないことも多いでしょう。顧客カードを作ってお客さまの情報を集めたり、接客の中でさりげなく聞き出すなど、知恵を絞れば方法はいろいろ。お名前と共に外見的特徴などをメモするのもいいでしょう。

　ナポレオンの睡眠時間はわずか数時間だったという伝説がありますが、実は、新しく部下となった兵士たちの名前と似顔絵が表裏に入ったカードを夜中に見て覚えていたからだったのです。命をかけた激しい戦いの最中に「マルコ伍長、でかした」などと直接名前を呼んで褒め、士気を高めていたのです。

　ナポレオンのように睡眠時間を削れとまでは言いませんが、努力してお客さまのお名前とお顔を覚えていく。次にお目にかかるときは「○○さま、いつもありがとうございます！」とお出迎えができるようになりたいものです。

9

ハイテクの時代だからこそ
人と人とのふれ合いを大事にした
ハイタッチのサービスが
感動を生む

　長野にお客さまから圧倒的な支持を集めているタクシー会社があります。県内一番の評判を誇る「中央タクシー」です。運転手さんに話を聞く機会があったのですが、「生まれ変わっても同じこの会社でタクシー運転手をしたい！」と、複数の方々からこうした声が返ってくるのには驚きます。

　運転手さんはお客さまが乗り込めば和やかに挨拶し、雨の日には降車口に回ってさっと傘をさしかける。まさに至れり尽くせりのサービスです。一度乗ったお客さまのほとんどがリピーターになるといわれ、毎年、経常利益が過去最高を更新しています。

　運転手さんをはじめ、中央タクシーの社員はお客さまに満足していただくにはどんなサービスをしたらいいか毎日話し合っているそうです。離職率が高いタクシー業界にあって、離職率1.5％という驚異的な低さ。仕事に大きな誇りと満足を感じているのです。

ところでこのような真心のサービスが発展してきた大きなポイントは、同社のタクシーには自動ドアが一切ついていないことが挙げられます。自動ドアがないと、運転手さんはお客さまが乗り込むときに降りて、ドアを開け、そして閉める。お客さまが降りるときも、さっと運転席から出て、後部座席のドアを開け、お客さまの荷物が多ければ、さりげなく運ぶのを手伝う……。お客さまが料金を払うのにお釣りをいくら準備すればよいのかまで考えながら後部座席を観察することは、そのまま顧客満足度（CS＝Customer Satisfaction）につながっています。つまり自動ドアがついていない車を運転することによって、お客さまにしてあげたいことがどんどん具体的に出てくるのです。

　今は何でもハイテクの時代ですが、便利な半面、人と人とのふれ合いの機会を減らし、サービスから感動をなくしてしまいがちです。お客さまが感動するサービスは、ハイテクではなくハイタッチから。人と人がふれ合う機会が増えると素敵な心遣いが生まれ、お客さまが感動してくださるのです。

column

立ち上がって挨拶に応じる
世界的建築家の安藤忠雄さん

　ファーストクラスやVIP、常連のお客さまに挨拶をして回るのもチーフパーサーの仕事の1つです。こちらは立ったまま挨拶しますが、お客さまがわざわざ席から立つことは一般的にはありません。

　それでもわざわざ立ちあがって挨拶に応じる丁寧な方が数人いらっしゃいました。

　かつて、19歳でフライ級世界王者になったファイティング原田さんであり、そして世界的建築家の安藤忠雄さんもその一人です。

　実は二人は不思議な縁で結ばれていました。安藤さんが建築家になった最初のきっかけは、じつは原田さんだったのです。

　大阪の下町で育った安藤さんは少年時代、ボクサーを目指してリングに立ちますが、原田さんの激しい練習と炸裂するパンチ風景を目の当たりに見て圧倒され、ボクサーの道をきっぱり諦めたのです。

　ボクサーを諦めた安藤さんは建築家を目指しました。少年のころ、家を改築するときに大工さんの作業を手伝わせてもらったのが建築

に興味をもつ始まりだったそうです。
　　大阪の工業高校を卒業すると、建築の勉強を始めます。それは、まったくの独学でした。大学４年分の勉強を１年で終えようと決め、朝９時から翌朝４時まで通信教育の勉強をしました。睡眠時間わずかの猛烈な独学です。そして建築士試験に合格します。
　　その後、24歳から４年間かけて世界を放浪し、各地の建築物を見て回り、まもなく建築家として頭角を現します。

　　やがて日本建築学会賞を受賞し、イェール大学やコロンビア大学、ハーバード大学といったアメリカの超名門大学で客員教授を務め、さらにニューヨーク近代美術館やパリのポンピドーセンターで個展が開催され、世界的な名声を確立していきます。そして高卒で東京大学教授に就任することになったのです。

　　私が機内で安藤さんにお目にかかったのは、まさに東大教授就任のために帰国されるときだったのです。いわば「凱旋帰国」だったわけですが、そんななかにあっても安藤さんは大変謙虚で礼節の人であったのは、今思い返しても感動的です。

　　その後、2003年に安藤さんから直筆の手紙をいただきました。

　「都市について考えた展覧会を行います。グラウンド・ゼロの計画案や同潤会青山アパートの建て替え計画も含めて、大きな模型・ドローイング・映像・写真などを展示します……。素敵な人たちを紹介したいので、ぜひおいでください」。「安藤忠雄建築展」のオープニングへのご招待でした。

　　会場は東京駅ビルにある東京ステーションギャラリーです。明治

時代を代表する建築家、辰野金吾設計による赤レンガの東京駅が重要文化財に指定されることが決まったころでした。

　当日は皇太子殿下、皇族、総理大臣、閣僚といったそうそうたる方々が出席。

　安藤さんは先頭に立ち、パリのセーヌ川に建設する現代美術館の模型などの説明をして回りました。

　日本人がパリ中心地の欧州最大の美術建築を手がけるとは、明治時代の日本人の誰が想像しえたでしょう。

　帰りの出口のところで「黒木さん、ちょっとこれ」と言いながら、安藤さんがデッサン作品集の分厚い本の表紙裏に家の絵を描き、「SUMIYOSHI」と書いて渡してくださいました。

　安藤さんが育った大阪の下町「住吉」。建築界のノーベル賞であるプリツカー賞を受賞しても、原点を大事にする彼の純粋さに心を打たれました。

　実るほど頭を垂れる稲穂かな。

　純粋な子供がそのまま大人になったようなあどけなさをもつ、稀有な人物だと強く感じ入ったのです。

第2章

ホスピタリティの達人は、つねに「1つ聞いて、1つ褒める」

10

気遣いを相手に悟らせず
さりげなく
行き届いたサービスをするのが
日本流のおもてなし

第2章
ホスピタリティの達人は、つねに「1つ聞いて、1つ褒める」

JALのベテランのCAはファーストクラスのお客さまをはじめ、常連のお客さまのことをしっかり把握しています。お顔を見れば、お名前からいつも読まれる新聞や好みの飲み物もわかります。

「水割りを」とお客さまに言われて「いつものシーバス・リーガルですね」と答えるのはまだまだ未熟です。そんな応対では「いつも私の行動を監視しているのか」と嫌な気分になられるお客さまもいるでしょう。

　本当にサービスに熟達したCAは「シーバス・リーガルとカティ・サークがございますが」とさりげなくお客さまがいつも飲んでいる銘柄を最初に挙げてお尋ねします。そして水割りの濃さは聞かずに、さっと好みの濃さに作ってお出しするのです。

「あれ、水割りもちょうどいい濃さだし、何だか行き届いていて居心地がいいな」とお客さまに、ほっとくつろいでいただく、つかず離れずのサービスが最高のサービスなのです。

　自己主張せず、相手のことを十分に知っていてもそれを相手に悟らせない。小笠原流の礼法は作法を知っていることを悟られない作法ですが、その「おもいやり」を基本とした日本人ならではのサービスが「おもてなし」です。

11

心を動かすサービスは
スポット・カンバセーションから
始まることが多い

第2章
ホスピタリティの達人は、つねに「1つ聞いて、1つ褒める」

コミュニケーション能力は、お客さまと接するうえで大事なスキルです。ただ、日本のお客さまは全体的にシャイで、要望や個人的な事情をあまり話されない傾向にあります。だからと言って、こちらからずかずかとお客さまにお尋ねするのも失礼ですし、どのようにコミュニケーションをとればいいのか悩むところです。

　JALのCAに対して私は、一歩だけお客さまに踏み込んだ「スポット・カンバセーション」を心がけるようにとアドバイスしてきました。スポット・カンバセーションとは「その場での即妙な会話(アドリブ)」という意味です。

　たとえば、お食事サービス中に「お土産に○○のちくわを買ってきたんだよ」とお客さまが話しかけてきたら、「○○のちくわはおいしいですね。私も大好きです!」などと個人的な感情も少し交えて明るくレスポンスするのです。
　このようにお客さまがよい気分になる軽い会話をするのがスポット・カンバセーションです。**お客さまの気持ちに合わせ、こちらも人間としての反応を示すことがポイントです。**

　最初はお客さまの言葉をそのまま繰り返すだけでもスポット・カンバセーションのよい練習になります。
「今日はいい天気だね!」とお客さまが話しかけてきたら「いい天気ですね!」と同じ言葉を繰り返してみてください。

12

アイコンタクトから
接客はスタート。
優しい表情で
お客さまを見つめたい

「目は口ほどに物を言い」

　これは初対面の人に対する場合、特に正しいことが科学的に明らかになっています。初めて会った人に対して、私たちは相手の目を見て好きか嫌いか、あるいは敵か味方かといった判断を瞬時に行っているのです。

　じっとにらむように視線を合わせてくる人に対して私たちは敵意を感じます。一方、微笑みを浮かべながら見つめられると好意的な感情が生まれます。そして視線を一切合わせないようにしている人からは「拒絶」の感情を受け取ります。

　ですからお客さまに好印象をもっていただきたいのなら、優しい表情で相手を見つめるという「アイコンタクト」がとても大事なのです。

　日本人はアイコンタクトに慣れていない人も多いようです。お客さまの顔のどのあたりを見てよいのか戸惑うかもしれません。そこでだいたい眉と眉の間付近を軽く見ながら、意識して口角を上げて、にっこり微笑んでください。

　とても嬉しいサプライズがあったときは眉が上がるものです。眉が上がると表情豊かに見えます。そこで、眉を上げる練習もしてみましょう。

　そして**挨拶をしたり、お客さまの言葉に相づちを打つときに、パッと目を合わせると、威圧感を与えることなくアイコンタクトができます。**お客さまとの幸せな出会いは自然な笑顔のアイコンタクトから。接客はそこからスタートします。

13

加賀屋が34年も
日本一の旅館なのは
「1つ聞いて、1つ褒める」
という接客を
徹底して続けてきたから

第2章
ホスピタリティの達人は、つねに「1つ聞いて、1つ褒める」

北陸の和倉温泉にある加賀屋は34年間も日本一の旅館としてプロから評価されてきました。毎日1300人ものお客さまが宿泊する、232室からなる全国最大級の旅館がずっとトップでいられた秘訣は、いったい何なのでしょうか。それは簡潔明瞭なものでした。

「1つ聞いて、1つ褒める！」

　お客さまをご案内するときには、まずお客さまについて1つお尋ねするのだそうです。そして必ずお客さまについて、どんな小さなことでも何か1つお褒めするのだそうです。

「聞く」ということは、お客側からすれば1対1で自分に直接関心を示されたということになります。人間、誰しも注目されたい、認められたいという願望があります。だから自分について聞いてもらうとそれだけで嬉しくなります。そのうえで「お客さま、そのネクタイ素敵ですね。とてもお似合いですね」と褒められるとさらに嬉しくなります。こうしてお客さまは心を開き、一瞬にして仲居さんや加賀屋のファンになっていくのです。

「1つ聞いて、1つ褒める」。これはあらゆる人間関係やビジネスに通じることです。

　相手に対し、1つ聞いて1つ褒める。これを実践していけば、きっとすべてはうまく展開していくはずです。

14

理想的な人間関係は
笑顔に始まり笑顔に終わる。
割り箸を使って
笑顔の練習を――。

世界のトップレベルとして名高いバンコクのオリエンタルホテル。かつてここで支配人を務めた古沢尚子さんは昔からの知り合いで、これまでに何度となくサービスの真髄について貴重なお話をうかがう機会がありました。
　なかでも印象的だったのが「いつ、どこで、誰とすれ違ってもオリエンタルホテルのスタッフは、必ず笑顔で目線を合わせて挨拶します。それが世界で一流と認められるゆえんです」という言葉でした。

　たったそれだけのこと？と思われるかもしれませんが、スタッフ全員が例外なく実践しているというところにオリエンタルホテルのすごさがあります。
　理想的な人間関係とは笑顔に始まり、笑顔に終わります。笑顔を浮かべれば、相手も笑顔になり、相手の笑顔を見れば、自分も笑顔になるのです。

　おもてなしの基本もまた笑顔です。

　日ごろ、無表情な人は顔の筋肉が硬く、自分ではニコニコしているつもりが「怪しい薄笑い」になってしまいがちです。
　1本の割り箸でできる笑顔を作る練習をお教えしましょう。
　鏡の前で1本の割り箸を横にくわえてみてください。すると口角が上がり、自然と目尻が下がって目が笑顔になります。ちょっと意識して眉を上げる練習もしてみてください。これが笑顔のときの表情です。
　JALのCAたちにも習慣にするようにアドバイスしてきましたが、1本の割り箸を携帯し、鏡の前で笑顔の練習をするところから始めてみましょう。

米国オッペンハイム・コリンズ社の新聞広告の名文があります。

「クリスマスの笑顔の挨拶」

元手が要らない。
しかも利益は莫大。
与えても減らず、与えられた者は豊かになる。
一瞬見せればその記憶は永久に続く。
どんな金持ちも、これなしでは暮らせない。
どんな貧乏人も、これによって豊かになる。
家庭に、幸せを、商売に、善意をもたらす。
友情の合言葉。
疲れた者にとっては、休養、失意の者にとっては、光明、悲しむ者にとっては、太陽。
悩める者にとっては、自然の解毒剤になる。
買うことも、強要することもできない。
無償で与えて初めて値打ちがある。
クリスマス・セールで疲れきった店員のうち、これをお見せしない者がおりました折には、恐れ入りますが、お客さまの分をお見せ願いたいと存じます。
笑顔を使い切った人間ほど、笑顔を必要とする者はございません。

15

サービスは
人間の心に住む3匹の"タイ"と
仲良くすることから始まる

　私は客室乗務員としてフライトを続けながら、後輩のCAたちの接客の指導もずいぶんしてきました。

　接客はなかなか奥の深い仕事です。

　CAたちを見ていても、一生懸命仕事をしているのに、気持ちばかりが空回りしてしまい、なかなかお客さまに満足していただくサービスができないものです。世の中の対人関係も同じです。

　そこで、細かいスキルの前に、まずお客さまと接する際のとっておきのヒントを1つ教えましょう。

　実は人間の心には3匹の"タイ"が住んでいます。その3匹のタイを気分よくさせれば、お客さまは満足してくださいます。

　3匹とは「認められタイ」「褒められタイ」「お役に立ちタイ」です。

　人は誰しも他人から関心をもってもらいたい、注目してもらいたいもの。そしてどんな小さなことでも褒めてもらうとやはり嬉しい

ものです。

　挨拶するときに「おはようございます、〇〇さま」とひと言名前を添えると、お客さまは「私のことを覚えていてくれたんだ」と「認められタイ」が満足します。名前でお呼びすることを"By Name"といいますが、ここがポイントです。
　お客さまがお土産の袋を手に持っていたら「こちらのお店のお菓子は地元でも評判なんですよ」とさりげなくお褒めのひと言を添えれば、お客さまの「褒められタイ」が喜びます。
　本当にちょっとしたことですが、これを自然体でできると、お客さまはあなたによい感情を抱きます。そして「お役に立ちタイ」という欲求がお客さまの心にむくむくと育ち始め、たとえあなたがちょっとミスをしたり、頼んだことがすぐにできなくても、「大丈夫よ」と温かい目で応援する側に回ってくれます（「お待たせしてすみませんでした」といったフォローの言葉は忘れずに）。

　お客さまと向き合うことが接客の基本ですが、そのときお客さまの「認められタイ」「褒められタイ」を見つけること。そこからサービスはスタートします。
　やがてお客さまの心に「お役に立ちタイ」という3匹目のタイが成長するころには、互いの心が通じ合っていますから、自然と痒いところに手が届く接客ができるようになります。サービスはお客さまと心が通ってこそ成り立つもの。お客さまの心の中の「3匹のタイ」と仲良くしましょう。

16
満面の笑みで
お客さまをお迎えしたとたん
クレームが激減した

　以前、JALでちょっとした"実験"をしたことがあります。1つのグループのCAたちには搭乗時に神妙な面持ちでお出迎えをしてもらいました。決して慇懃無礼ではないように、でも愛想をふりまかない程度に真剣な表情をしてもらったのです。
　もう1つのグループのCAたちには楽しそうに明るく、満面の笑顔を浮かべ、「こんにちは」と呼びかけてお客さまの目を見るようにしてもらいました。通常よりもかなり明るい感じの出迎えです。

　さて結果はどうだったでしょうか？　何とクレーム率が驚くほど違ったのです。もちろん笑顔でアイコンタクトをとったグループの苦情が圧倒的に少なく、そしてグッド・コメント率もとても高かったのでした。
　明るい笑顔の威力というのでしょうか。搭乗時に満面の笑みで迎えられ、明るく挨拶されると、CAに対する好感度レベルがかなり高くなるのです。

もう1つ重要なことは、最初の段階で高い好感度をもった相手に対して、人は寛容な態度をとれるということです。機内ではお客さまをお待たせすることもありますし、CAがミスをしてしまうこともあります。そんなトラブルがあっても、初期段階での好感度が高いとお客さまが寛大になって許してくださるケースも多いのです。
　お客さまが協力的に対処してくだされば、CAもリラックスして積極的に接客ができるので、最終的には全体のサービスのレベルも上がりグッド・コメントが増えます。
　一方、初期イメージがよくないと、好感度レベルも低く、お客さまはちょっとしたトラブルに対しても厳しく、クレームが増えてしまいます。

　最初の段階で好感をもっていただけるかどうかが、その後のお客さまとの関係やサービスの質に大きく影響するということです。何事も「最初」が肝心。お客さまがいらしたら満面の笑みで元気よく挨拶することが何より大切です。

17

アイス・ブレーキングは
オウム返しに返事ができる挨拶で。
お客さまとの距離を
一気に縮めよう

　どんなコミュニケーションも、「アイス・ブレーキング」から始まります。最初は見知らぬ同士、気持ちは「氷（アイス）」のように張りつめています。その氷を、お互いに溶かして（ブレーク）、楽しく和やかな状態にもっていかなくてはなりません。

　これは接客においても同じこと。まずはお客さまの緊張や警戒心を解きほぐす必要があります。

　最初に行うアイス・ブレーキングが「挨拶」です。JALの客室乗務員は搭乗したお客さまに通常「こんにちは！」「お待たせいたしました！」といった言葉でお出迎えしています。

　欧米のお客さまは、挨拶の呼びかけには必ず答えなくてはならないというマナーを子供のころから教え込まれているので、"Welcome aboard"と挨拶をすると"Thank you！"、あるいはもっと簡単に"Hi！"といった言葉が必ず返ってきます。

一方、日本人のお客さまは小さくうなずいてくださる方がたまにいらっしゃるくらいで、ほとんどは無言のまま。日本語では「いらっしゃいませ」に対するちょうどよい返事の言葉がないので、答えようがないのです。このためせっかくのアイス・ブレーキングのチャンスが一方通行のコミュニケーションで終わってしまいがちです。

　そこで私はCAたちに「おはようございます」「こんにちは」「こんばんは」といった挨拶を勧めました。これですと、かなり多くのお客さまが返事をしてくださり、場が和んできます。
　実はこれは東京ディズニーランドで行われているノウハウの１つです。
「いらっしゃいませ」では返事ができませんが、「こんにちは！」だと、同じ言葉を返せばいいので挨拶のキャッチボールができるのです。

　お客さまが自然と返事ができるような言葉がけをして、積極的にアイス・ブレーキングできるよう心がける。ただ声が低すぎると暗い印象を与えますので、声は明るく。軽快に「こんにちは？」と尻上がりに挨拶できれば完璧です。

18

コミュニケーションの基本は
共感・質問・復唱

　接客の基本はコミュニケーション。まずはお客さまと打ち解けて話ができるようになることが重要です。ただ、お客さまによってはとてもシャイでなかなか話が弾まないということもあります。日本のお客さまは全体にシャイで口数が少ない傾向にあります。

　ではどうしたらいいのでしょうか？

　かつてJALの欧米人のCAから「日本人のお客さまとどのようにしてコミュニケーションをとったらいいでしょうか」と相談を受けたことがありました。はっきり自己主張をし、感情表現も豊かな欧米人のCAたちは、日本人とのコミュニケーション・スタイルの違いに戸惑っていたのです。
　そのとき、私は「共感・質問・復唱をせよ」というアドバイスをしたのですが、これは普遍的なコミュニケーションの方法であり、日本人同士でも有効です。

まずはお客さまとお話をする際は、「そうですね」「さようでございますね」といった同意する相づちで共感を示しましょう。共感を示されれば、無口なお客さまでも少しずつ話をしてくださいます。
　さらにちょっとした軽い質問も、お客さまの心をほぐすよい方法です。質問は相手に対する興味を示すもので、質問されれば誰でも嬉しいからです。
　そして最後のポイントはお客さまの言葉を復唱すること。同じ言葉を繰り返すこと、シンクロさせることでさらに深い関心、共感を示すことができます。
　また、内容の確認にもなり誤解を防ぐことにもなります。お客さまの言葉への適当なレスポンスが思いつかなければ、まずはお客さまの言葉を復唱しましょう。お客さまの目を見ながら笑顔で復唱するといいですね。

**　このように「共感・質問・復唱」を繰り出すことで、お客さまの心も次第にほぐれていきます。無口だった方の口も滑らかになり、コミュニケーションがとれるようになります。**

19

挨拶、笑顔、身だしなみ……
接客の5つの基本は
しっかり身につけておく

　客室乗務員としてのお客さまへの接し方の心構え――それらを新人CAたちに指導する際に、私がよく使ったのが「接客5つの基本」という話です。

　1つ目は「挨拶」。
　挨拶は黙礼ではなく、「こんにちは」といった言葉を必ず口に出しましょう。
　その言葉のとおり、「あ」→明るく、「い」→いつも、「さ」→先に自分から、「つ」→常に誰に対しても行うことを心がけてください。

　2つ目は「笑顔」。
　挨拶をする際には誰に向かって発しているのかを表すために、相手に笑顔を見せて挨拶しましょう。お客さまと目と目をさっと合わせてから「こんにちは」。そしてニコリと笑いましょう。

3つ目は「身だしなみ」です。

人と接する仕事ですから、身だしなみは非常に大事です。清潔感はもちろんのこと、その場にふさわしい服装であるかどうかが重要で、人に与える印象はとても大きいものです。上着の前ボタンは必ず留めて、キチンとした身だしなみを心がけましょう。

4つ目は「言葉遣い」。

言葉遣いとは相手に対する気遣いです。丁寧な言葉を使うだけではなく、お客さまの立場に立った細やかな気遣いを言葉で表現しましょう。座席で腰をさすっている高齢のお客さまを見かけたら「枕をもう1つお持ちしましょうか？」という、さりげないひと言がさっと出てくるようにしたいものです。

5つ目は「態度」です。

接客する側として正しい態度をとっているか、いつも気をつけましょう。たとえば、業務前に頭にくることがあったとか、身体の調子が悪いといった個人的な状態は、接客時にはすべて「ゼロ」にしなくてはなりません。一から爽やかに接客をスタートさせましょう。

これらはサービスの基本中の基本。しっかり身体に叩き込んで、自然と振る舞えるようになると、お客さまの小さな変化にも気づく余裕が生まれます。

20

日本の美しい作法。
お辞儀は
先語後礼と目切りが大切

　お辞儀は日本の作法の基本です。
　きちんとお辞儀ができる人を見ると、私はそれだけで好感をもってしまいます。社会人として、そして特にサービスのプロを目指す方はぜひ美しいお辞儀を身につけてください。

　JALの新米CAたちも、お辞儀の仕方を訓練所でみっちり仕込まれます。

　お辞儀には3通りあります。
　挨拶では15度、お礼は30度、そして謝罪は深く45度のお辞儀をします。
　まずお客さまの目を見てから、背中を伸ばしたまま頭を下げるのが基本です。
　45度角で1.5メートル先に目をやる練習がよいでしょう。

頭は下げたら、すぐに上げるのではなく、一呼吸おいてから、1、2、3とゆっくり数えながら上げると丁寧で美しく見えます。ここまでは基礎編です。まずはお辞儀の美しい動作を練習して身につけてください。

　上級者編のお辞儀のコツも少しご紹介しましょう。「ありがとうございます」など、言葉をおかけしながらお辞儀するときは、頭を下げながら同時に言うよりも、お客さまの目を見ながら言葉を言った後にゆっくり頭を下げると、心がこもった感じになります。先に言葉を言ってから、お辞儀をするということでこれを「先語後礼」といいます。

　そしてもう1つ大切なのが「目切り」。

　お辞儀をして頭を上げる際に、再度お客さまと視線をさっと合わせましょう。何人ものお客さまに順番に挨拶する際には、目を合わせた後に次のお客さまの目に水平に移動させます。

　この目の動きを「目切り」といいます。お辞儀の最後に再度目を合わせることで、気持ちが伝わるのです。頭を上げるときに、次の人へ斜めに目を移動させるのはNGです。

　お辞儀は先語後礼と目切り。この2つを心がけましょう。

21

つかず離れずが基本。
お客さまのニーズを先取りする
日本旅館の「おもてなし」

　2020年の五輪招致のためのプレゼンテーションで世界的にも有名になった日本の伝統的なサービスである「おもてなし」。
　京都をはじめ日本各地の老舗旅館に脈々と受け継がれてきた「おもてなし」の真髄とは、どのようなものなのでしょうか。

　世界には高い評価を受けているホテルが数多くあります。最近、世界のセレブを夢中にさせているリゾートホテルグループは常にスタッフがお客さまの周辺にいて、お客さまがトイレに行こうとすればさっと案内し、トイレから出てくるまでずっと出口で待機していて、おしぼりを手渡すといった具合。

　常に何かして差し上げようとスタッフが見守っています。至れり尽くせりではありますが、「監視タイプ」のサービスです。「なんだかいつも見張られているようで、リラックスできない」というお客さまの声も聞きます。

日本の老舗旅館のサービスはこうした海外のホテルのサービスとは趣きを異にしています。
　その接客は「つかず離れず」が基本です。
　お客さまの近くに張りついているのではありません。プライバシーを十分に保ったうえ呼べば応える距離に黒子のように侍るのです。主君のそばに待機している「侍（さむらい）」の勤めと、お客さまに「侍る（はべる）」のは語源が同じなのです。

　そしてお客さまが「お茶の1杯でもほしいかな」と思った頃合いに、「失礼いたします」と、すーっと仲居さんが熱いお茶を持って現れます。さりげなくニーズの先取りをしてお客さまをもてなすのが、日本の老舗旅館のサービスの真髄なのです。
　必要以上に応対することなく、かといって間延びすることもありません。阿吽の呼吸で、しかも作法と躾で培われた美しい立ち居振る舞いによってお客さまをもてなす。**お客さまによってはサービスを受けているという意識もせずに、「とても居心地がいいな」と和まれることでしょう。**
　美しい身の動きを意味する「躾」は中国の漢字にはない和製漢字なのです。
　相手の想いを推し量る心遣い「忖度」、早すぎず遅すぎずのタイムリーな「啐啄同時」。こうした禅の世界に通じる精神が基本にあるサービスなのです。

column

「経営の神様」松下幸之助さんが ファーストクラスで 教えてくれた「儲け」の意味

あるとき、日本中の誰もが知っている産業界の超VIPが搭乗されました。私も緊張して粗相がないようにと気をつけていたのですが、ふとその方と目線が合ったので「なにかご用でございますか」とうかがいました。すると「いや？　あなたたちが制服を着て、飛行機に乗るのを先ほど見ていて、かっこええし、ええ仕事やなあと思っていたが、こうして座って、はたから見ていると結構な重労働でんなぁ。上下左右に揺れる中で、休みもしないで、よう働く。ご苦労さま」とねぎらいの言葉をいただきました。

恐縮して「ありがとうございます、で、何かご用でも？」と再び聞くと、「いや、お忙しいだろうから、暇なときでいいから水を1杯いただけませんかね」と。すぐにお水をお持ちすると、深々と頭を下げてお礼をされたのです。

まさに「実るほど頭を垂れる稲穂かな」です。心底敬服していると、「1つだけお聞きしたいのだが、あれだけたくさんある種類の

ワインを、よくも間違いなく見分けられるものだねぇ。何かコツでもあるのですかいな」とおっしゃいます。

「いえいえ、ワインはビンの形でほぼ見分けがつくんですよ。ビンの肩が張っているのはボルドー系、ナデ肩がブルゴーニュ系、ほっそりしているナデ肩はドイツワイン系。後ろから見ても形でわかるのです」と説明するとその方は面白そうに「なるほど！」を連発して、なんと私ごときが言ったことを丁寧にメモされたのです。それも文章に書くのではなく、絵に描かれたのです。当時、ゆうに80歳は越えておられました。経験も地位も名誉もこのうえない方がこれほどまでに謙虚で素直なのかと感銘を受け、少しでも見習いたいものだと思ったものです。

しばらくしてから「お礼に1つ。これはご存じかな」とおっしゃって、箸袋を開いた紙になにやら書き始められたのです。
「1本の棒はそのままでは倒れる。倒れないためには、つっかい棒があればよい。すると人という漢字になる。人はほかの動物と違って話すことができる。人が言うと書いて信じるという漢字になる。人の言うことを素直に信じる者は信者だね。「人」と「言う」と「者」の3つを合わせると「儲」という漢字になる。人・信・者、これが儲けの意味や。儲けは素直に信じることから始まる、素直さが大事や」

この方こそが「経営の神様」と謳われた松下幸之助さんです。和歌山県で8人兄弟の末っ子として生まれ、小学校は4年までしか通えず、9歳で火鉢店の丁稚奉公から仕事を始め、94歳で亡くなるまでに世界に冠たる業績を残した偉大な人物です。

松下さんの遺訓の１つとして「知っていると言わないこと」というのがあります。
　社員の誰かが「社長、こういう情報がありますが」と知らせてくれたときに、「そんなことは知っているよ」と答えれば、「社長なのだから知っていて当たり前か」と思って、次回から誰も知らせようとしなくなってしまいます。
　そうなれば「裸の王様」になっていくのは時間の問題です。軌道修正ができなくなり、会社も本人もおかしくなってしまいます。

「知っている」の代わりに松下さんは「なるほど」と答えていたそうです。きっと社員たちは、松下さんに「なるほど」と言われたことを励みに何か面白いこと、気になることを見つけては次々とお伝えしていたことでしょう。

第3章

「最大のライバルは同業ではなく、お客さま」この考え方が素晴らしいサービスを生む

22

お客さまに接する際には
「魅力的な仮面」と言葉で
楽しんでもらう

ファーストクラスを担当するような客室乗務員や旅館の中居さんを筆頭に、サービス業に従事する人たちは人柄やキャラクターといった「パーソナリティ」が問われる面があります。
　接客スキルとしては同じレベルでも、大変お客さまに気に入られる人もいれば、なぜかクレームを受けがちな人もいます。接したときのその人の雰囲気やたたずまいといった印象がお客さまの反応の違いとして表れてくるのでしょう。

　ただしパーソナリティとは永遠不変なものではありません。「私はお客さまに好かれにくいパーソナリティなんだ」と絶望することはないのです。パーソナリティの語源は仮面を意味する「ペルソナ」です。つまり仮面をつけて、いかにお客さまを喜ばせる演技ができるかが、サービスで求められることなのです。「素」の顔がどうであるかに悩むのではなく魅力的な仮面をつけて、そしてお客さまに楽しんでいただけるセリフを言うことが大切なのです。
　たとえば、ある飲食店でわずか１週間だけ、特定の場所でしか採れない天然のナメコを求めて、板前さんがわざわざ遠くまで出かけ、朝早くに採ってきたとします。そのナメコを使った一皿を大した説明もしないで、すっとお出ししてしまえば、お客さまは淡々と食べて終わりです。
　そこでそのナメコにまつわるストーリーを耳にしたら、味わいも深まり、お客さまにとって絶品の旬の料理になります。素敵な物語を聞かされることで、料理の感動が深まるわけです。

　料理は視覚と味覚、そして「聴覚」でも味わうものなのです。接客に携わる人たちは俳優であり、脚本家です。素敵な物語を生み出し、表現する語り部（ストーリー・テラー）を目指してください。

23

最大のライバルは「お客さま」
お客さまと競い合うことで
素晴らしいサービスが実現する

どのようなビジネスも「ライバル」の存在は大切。競合他社よりも優れたサービスや製品を提供して競争に勝ちたい……そうした切磋琢磨した思いが結果としては各社の製品やサービスの品質を上げていきます。

　航空会社も同様で、ライバル会社が始めた新サービスや価格設定を絶えずリサーチし、競い合うようにさまざまなサービスを始めたり、時には大幅なバーゲンを行うなど、常にライバル会社に差をつけようと競い合っています。こうした競争は各社のサービスの質を高める効果もありますが、一番大事なものを見失って、競争に明け暮れても意味がありません。その一番大切なものとは「お客さま」です。

　ライバルとの競争に必死になるあまり、肝心のお客さまが忘れられてしまってはいないでしょうか。実はどんな競合他社よりも手ごわい、最大のライバルはお客さまです。お客さまは常にシビアにサービスを見ています。

　スタッフをいくら呼んでも気づいてくれなかったり、忙しいためか無視される、笑顔を浮かべてはいるけれどこちらの顔をまったく見ない……。このような問題のあるサービスを受けたら、口には出さなくても、しっかり覚えています。

　その場でクレームを言ってくだされば、改善のチャンスもありますが、何も言わないお客さまが多いのですね。文句は言わないかわり、しばらくの間、利用してくださらなくなったり、最悪の場合、二度と戻ってきていただけなくなります。

　サービスに満足したお客さまは3人に宣伝してくれ、不満足だったお客さまは、その場では何も言わず、帰ってから11人に悪口を広めるというデータがあります。競合他社ではなく、最も手ごわいライバルであるお客さまに「まいった」と感心していただけるようなサービスを目指したいものです。

24

接客の改善点やヒントが
示されているクレームは
お客さまからの最大のエール

ビジネスにおいて誰もが怖れるのは「お客さまからのクレーム」でしょう。たった1つのクレームによって、信用が失墜してしまう恐れがあります。

　クレームに対して逃げ腰になってしまう気持ちもわかるのですが、本当に大切なのはクレームの対処の仕方です。クレームには、今あるサービスのやり方やお客さまへの接し方を改善するきっかけやヒントがたくさん含まれているからです。

　欧米ではお客さまからのクレームを「フィードバック」と考えて、今後に生かしていこうといったポジティブな姿勢があります。

　もちろんクレームはなるべく少ないほうがよいに決まっていますが、クレームはお客さまからの最大のエールだと私は考えています。

　なぜなら多くのお客さまはサービスに対して不満があったり、あるいは腹を立てることがあっても、直接苦情は言ってくださらないからです。そのかわり、二度と足を向けてくださらなくなったり、周囲に「あそこのサービスはひどかった」と悪口を言う場合が多いのです。これではサービスを改善するチャンスがありません。

　クレームを直接言っていただければ、どんな点がお客さまにとって不愉快であったり、居心地が悪かったりしたのかが、接客側にもわかり、改めていくことができます。

　たとえば、スタッフの声が小さく聞き取りづらいとか、説明が長すぎて理解しにくいとか、あるいはメニューの選択肢が多すぎて選ぶのが面倒である……などなどクレームを言っていただければ、改善もできます。

　クレームをわざわざ直接言ってくださるお客さまは貴重なサポーター。その声を大切に生かすことが、接客やサービスの大きな改善につながるのです。

25

人間関係は互いが発する
波動に影響される。
相手を好きになることが第一歩

お客さまがあなたからモノを買うのは、端的にいうとあなたにそれなりの好感を抱いているからです。もし接客の中にあなたが見せる人間性を気に入らなければ、お客さまは他のスタッフや他の店から買うでしょう。
　ではどんなときにお客さまは、あなたのことを気に入ってくれるのでしょうか。
　それは**「波動が合った」**ときです。

　音も光も波動でできています。この宇宙にはさまざまな波動が渦巻いています。あの人とは「波長が合う」「波長が合わない」ともいうように、人間関係も互いが発する波動に影響されているのです。

　ですからお客さまに対して快い波動を送る努力をしましょう。こちらからお客さまのことを好きになるのです。

　お客さまの服装でも表情でも髪型でもどこか「素敵だな」「よいな」と思うポイントを探し、そして「お客さまのためになりたい」と思えば、自然と心地よい感動の波動がお客さまに送られます。お客さまはあなたの好意を感じ取り、きっと同種の心地よい波動が共鳴して返ってくるのです。そこから接客は始まります。

　誘因の法則、鏡の法則です。鏡は一人では笑いません。自分自身が微笑むからこそ、それが返ってくるのです。
　好きか嫌いか、敵か味方か、相手のわずかな表情から、犬などの動物は素早く嗅ぎ分けて態度に表します。

26

初めてのお客さまには
常連のように。
常連の方には初めての
お客さまのように

第3章
「最大のライバルは同業ではなく、お客さま」この考え方が素晴らしいサービスを生む

お客さまがあなたから品物を買うのは、あなたのことが気に入っているからです。気に入らない人からわざわざ買う人はいません。つまりお客さまはあなたの心、人格を買っているといえます。
「あなたの人格以上は売れない！」のです。

　常連客となってくださるようなお客さまはいつも目の前に存在しています。商品を買っていただくときもそうでないときも明るく挨拶をして、お客さまとコミュニケーションを積極的にとりましょう。
　セールストークも重要ですが、会話を通して「お客さまが何を望んでいるのか」を素早く察知して対応することを心がけてください。そうした接客の積み重ねは、近い将来のあなたの貴重な財産となります。

　接客する際の変わらぬ熱意、好意、誠意がやがてお客さまの心を動かします。常連客となってくださる源泉になるのです。
　そしてあなたを気に入ったお客さまは勝手に宣伝してくださいます。あなたがわざわざ外に出向いてセールスをしなくても、お客さまがお客さまを連れてきてくださるのです。

　ポイントは初めてのお客さまには常連客に対するように親密さを心がけ、そして常連客に対しては初めておいでになったお客さまに接するようにフレッシュな気持ちで、自らを律して接客しましょう。
それがお客さまと楽しく長くおつきあいしていく秘訣です。

27

トラブルの「発火点」に気づいたら、
お客さまのニーズを先取りして
適切なフォローを心がける

第3章
「最大のライバルは同業ではなく、お客さま」この考え方が素晴らしいサービスを生む

フライト中にCAが青ざめた顔をして「責任者を呼べとお客さまがおっしゃってるのですが……」とやってくることがあります。

　それはお客さまが所望した専門雑誌について「そんな雑誌は搭載していません」とけんもほろろに答えてしまったことがきっかけであったり、また「君は鯖寿司は好きかい？」と気さくに話しかけてきたお客さまに「私は鯖は大嫌いです」と率直すぎる物言いでお客さまの気持ちを逆なでしたときなどです。CAの説明からトラブルの原因をたぐっていくと、たいていは配慮に欠けた言葉遣いや対応の悪さなどが原因です。
　ほとんどは小さなことではあるのですが、お客さまとの最初のちょっとした行き違いをどんどんこじらせて、ついにはお客さまが怒りを爆発させてしまったのです。

　トラブルには必ず発火点が存在します。楽しいはずのフライトや食事が不愉快なものに変わり始める瞬間です。
　お客さまとの最初の会話がかみ合わず一方通行に終わってしまった……といった小さなことが発火点であっても、その後の適切なフォローがなければ、お客さまの心には不満という行き場のないマグマがたまり始め、気がつけば噴火寸前という事態を招きます。
　そのような「大惨事」になる前、発火点にいち早く気がついて、お客さまの気持ちに沿って、小さな火のうちに消し止めるのが、接客のプロというものです。

「鯖は大嫌い」とうっかり失言してしまったのなら、「先ほどは失礼いたしました。私は味覚が幼くて、おいしいものがわかっていない、と周りから言われています」とか「お客さまがお買い求めになった○○は鯖寿司の中でも一番おいしいと評判だそうですね」とい

ったフォローの言葉で失地回復に努めましょう。

　また、搭乗時からトラブルの原因となりそうなお客さまがいたら、早めに予防線を張っておくことも大切です。といっても難しいことではありません。
　ポイントは「先手必勝」。お客さまのニーズを先取りするのです。**お客さまの立場に立ってみて、自分だったらこの状況をどのように感じて、どうしてほしいだろうかと考えればいいのです。**歓迎されたいのか、いたわりの言葉をかけてもらいたいのか……さまざまな心理状態を理解すればニーズの先取りはできます。

28

第一印象は
ラスト・インプレッション。
最初の出会いを大切に

　アメリカの有名な心理学者アルバート・メラビアンの学説によると、人の印象を決定づけるのは視覚から入る第一印象が55％、話し方などの聴覚情報が38％、そして話の内容から得る言語情報はわずか7％。

「人間は見かけより中身が大事」といった建前を真っ向から否定した学説です。しかも第一印象の影響力がとても大きいですね。最初の出会いでちょっと悪い印象を与えてしまったら、それを挽回するのには数倍のエネルギーを要し、それなりの時間がかかってしまいます。
　第一印象（ファースト・インプレッション）は、じつはずっと残るその人の印象（ラスト・インプレッション）になってしまいがち——というわけですから、怖いことですね。

　第一印象を人は出会ってからどのくらいの時間で判断すると思い

ますか？
　たったの6秒だとメラビアンは明言しています。
　人は本能的に、出会った瞬間に敵か味方かを判断し、次に好きか嫌いかを判断しているのです。

　出会い頭の6秒では話の内容を吟味し、判断する時間はありません。第一印象とは出会った瞬間の視覚情報と、挨拶をした際の声の調子といった聴覚情報でほぼ決まるということです。しかも好意を感じるのは圧倒的に顔の表情からで、特に「目」がポイントとなります。それに声の感じや大きさやスピードが加わります。

　ですからお客さまと最初に出会った瞬間がとても大事です。少しでも第一印象をよくするように最善を尽くさなくてはなりません。なんといっても最初の6秒が勝負で、まずは視覚情報です。**視線を合わせ、自然な笑顔を見せて挨拶する。**声の調子も大事です。**落ち着いた声のトーンやリズムで話しかけるように。**お客さまとの「よい出会い」ができるように心がけましょう。

29

相手の立場に立った親愛の
3つの「カケル」の動作から
お客さまとの関係はスタートする

　接客の勘どころを端的にいうと「お客さまに好意をもっていただくこと」といってもよいでしょう。

　お客さまは商品を買うのではなく、接客してくれた人の応対が心地よいか、好きか嫌いかを判断して、気に入れば買ってくれるのです。つまり、あなたを好きかどうかで決まるのです。
　そして自分を好きになってもらう早道は、こちらがお客さまのことを好きになることです。たとえばお客さまの言葉に相づちを打ったり、質問をするのは関心の表れですので、お客さまへの好意を示すことになります。

　お客さまとの間に距離感を作らないことも大切です。無造作にお客さまの知らない専門用語や業界用語を使えば「知っていて当然」という傲慢さをお客さまは感じ取るでしょう。
　何げなく使う「ご存じですか？」も、平たくいえば、「あなたは

知らないでしょうが」と受け取られる相手を見くびった無礼な前置きになることもありますので、TPOの使い分けが大事です。

　無意識に使っている「いらない前置き言葉」は、思い切って削除することも必要です。

"KISS"とは、Keep it short & simple（常に短く簡潔に）のことです。

　大切なのはお客さまの視点に立つこと。田舎から出てきた自分のお祖父ちゃんやお祖母ちゃんを接客しているつもりになってみてください。

　自然と「声をかける」「気にかける」そして「肩に手をかける」といった動作が自然と出てくるでしょう。これを親愛の「３つのカケル」といいます。

　さらに言葉遣いも優しくわかりやすくしようと努めるのではないでしょうか。

「着席してください」といった漢字熟語を避けて「お座りください」といった和語中心で話すと優しい感じになります。またマニュアルどおりの説明ではなく、理解しやすいように話そうとするでしょうし、誤解がないように繰り返して説明もするでしょう。

　こうした行動が自然にできるようになったとき、お客さまはきっとあなたに好意を抱いているはずです。

column

「牛の角と耳は
どちらが前についているか」
と尋ねてきた本田宗一郎さん

　あるフライトで私に、次のように語りかけてきた紳士がいます。

「君たちの仕事は羨ましいねぇ。美人のお嬢さんたちに囲まれて、給料をもらいながらこうやって世界中を旅行できるんだから。何でも見たことがあるってのは素晴らしいことだ。世界中、だいたいは回ったんでしょう」
　ユーモラスに話すこの紳士は、本田技研工業の創業者・本田宗一郎さん。
「ええ、お蔭さまで、ほぼ世界中を回りました。月に20日間は飛んでいます。なにしろ飛び職ですからね」と私がお答えすると「面白いことを言うね！　ところで君は牛を見たことがあるかね」と本田さんが唐突に質問をしてきました。

「えっ、牛って普通の牛ですか？」
「そう。牛を見たことがない人はまず、いないだろうね。ところで、牛の角と耳はどちらが前についているかわかるかね？」

本田さんの問いに私は言葉に詰まりました。はたして角が前か、耳が前か……思い出せません。

「質問されると、あれっ？ですね。さて、どちらだったか……」と口を濁す私に、「牛を見たことがあるんでしょ？」と面白そうに問いただす本田さん。
「正解は、簡単。みればわかる」とにっこり笑みを浮かべられました。
　その短い会話をきっかけにして、私の人生観は大きく変わったのです。

　しばらくして、私はローマのホテルで腕時計をなくしてしまいました。フロントでどんな時計だったか絵に描いてくれと言われて、はたと、困りました。だいたいのイメージはあるのですが、詳細に描こうとしても描けない。時差や飛行時間など職業柄、１日に何回も、いや何十回も見ているはずの自分の腕時計なのに、細かいところが思い出せないのです。「今、何時だろう」と漠然と目をやっているだけで、「どんな形だろう」と仔細に見たことがなかったからです。

　そこでハッと気がつきました。
　本田さんが「みればわかる」と言われたのは漠然と「見る」ではなく、そのつもりで意識して「観る」ことなのではないか。考えてみると腕時計だけでなく何げなく使っている財布も中に入っている千円札も、見ないで描けと言われて正確に描けるものはありません。

「観る」ことの大切さに気がついたのです。

そしてただ漫然とフライトの生活を送り、仕事が終われば仲間と居酒屋で上司の悪口や職場の女性の品定め……そんな生活では人生がもったいないと思いました。
　もっと新鮮な好奇心をもって世界を「観れば」、素晴らしい発見と感動があるはずです。
　以来、すべてのものを「観る」癖がつきました。そして毎日が新鮮な発見の日々に変わったのです。ものの道理もよく観えるようになりました。今の自分の足元をよく観れば明日をよくするためにやるべきこと、やれることの「宝の山」がごろごろ転がっていました。

「チャレンジして失敗することを恐れるよりも、何もしないことを恐れろ」とは、本田さんが常に口にしていた言葉ですが、その意味が突然心に響きました。

「そうだ、最初は誰もが素人、やってできないことはない」とさまざまなことに挑戦するようになり、サービスにおいてもさまざまな試みにチャレンジするようになったのです。

第4章

心に寄り添ったサービスには「リピーターのお客さまが74%以上」つく

30

自分を最高の部下として
使いたいか?
その問いと向き合うことで
人は伸びていく

いかなる仕事もそうですが、4、5年ほど経験を積み、スキルを身につけてきたあたりは難しい時期です。

JALの客室乗務員たちも事情は同じです。キャリア4、5年になると仕事に慣れ、日々のルーティンワークのなか、新人のころのような熱意が薄れてきます。そつのないサービスをするけれど、どこか冷めているんですね。忙しいときは失礼にならないように、用事を頼みそうなお客さまをスルーできるのが「ベテランの技」として自慢になっていきます。いかに短時間で効率よく業務を進めていくかが、ベテランたちの目標となりがちです。そのままでは、接客のプロとしてのさらなる成長は望めません。

そこで中堅のCAたちに私がよく尋ねた質問があります。それは「今の自分を最高の部下として使いたいか」「お客さまの立場だったら今の自分のサービスを受けたいか」の2つでした。

もし答えがNOだとして、現在の自分に何が足りないのかが客観的に見えなければ成長はない！と伝えたのです。

孔子は「人間としてこれさえ守れば大丈夫というものは何でしょうか」と弟子に問いかけられたとき、「それは恕かな」と答えています。

「恕」とは自分がして欲しくないことは相手にもしない心、人を許す寛大な心、すなわち「おもてなし」の心の根幹をなすものです。

お客さまに喜んでいただくことで自分も幸せになるのがサービス業の醍醐味。新人時代にはそんな熱い情熱をもっていた人がほとんどです。その情熱をよみがえらせて、もう一度歩み出す人たちは、再び成長を始めます。今度は身につけたサービスのスキルを生かし、ベテランらしい接客を見せてくれるようになるのです。

31

サプライズ・サービスは
場合によってはサービスの
押し売りとなって、
顰蹙を買うことも

「ホスピタリティ」という言葉が一般に広まり、お客さまに喜んでいただくために努力して接客をする人たちが増えてきたことはとてもよいことです。

ただし、一部でサービスの「押し売り」がホスピタリティだと誤解されているようにも思います。やたらと話しかけたり、頻繁にテーブルを回ってくるため、お客さまによっては、落ち着けない、リラックスできないという声もあります。「私は常にお客さまのためを思ってサービスしています！」とアピールしているのかもしれません。スタッフの熱意はわかりますが、お客さまが望んでいないサービスの押し売りは顰蹙を買いかねません。このあたりが接客の難しいところであり、奥の深いところです。

お客さまのことを、インターネットなどであらかじめ調べて「奥様が好きなお花のブーケです」とか「ご長男さまのご入学おめでとうございます。こちらはサービスのデザートです」といった具合に「サプライズ・サービス」を売り物にしているお店もありますが、これにも配慮が必要です。お客さまによっては「個人情報を嗅ぎ回っている」と不愉快な気分にさせてしまう危険性があるからです。

このように人目を引くサプライズ・サービスが話題になって、一時的にお客さまが増える効果はあるでしょうが、常連のお客さまの獲得には必ずしもつながりません。**サービスの基本はやはり「お客さまが望んでいることをいち早く察知して、タイミングよく行う」ことにつきるのです。**

「売りたいものを売るな。客が欲しがるものも売るな。客の為になるものを売れ」とは松下幸之助の教え。これは接客の基本でもあるのです。

32

マナーとは相手に
嫌な思いをさせないこと。
面前でマナー違反を指摘するのは
最大のマナー違反

接客と縁が深いのが「マナー」の世界です。サービスに携わる者としては、最高のマナーでお客さまをお迎えしたいもの。

　マナーの基本は相手を敬い尊重すること。要は相手に嫌な思いをさせないことです。
　たとえばスープは音を立てないで飲むといったマナーも、周りの人たちが気持ちよく食事を楽しむためのものですし、サーブする側のマナーもお客さまに食事を楽しんでいただくためのものです。
　ではお客さまがマナーをご存じない場合はどのように接すればよいのでしょうか。放っておけば周囲の人が嫌な思いをしますし、お客さま本人も恥をかくことになります。

　かつて大英帝国のヴィクトリア女王が植民地であるアフリカの国王を晩餐会に招いたときのこと。テーブルマナーを知らない国王が乾杯の際に間違えてワイングラスではなく、フィンガーボールを掲げたところ、女王も急いでワイングラスから手を離し、フィンガーボールの水を一緒に飲んで見せたそうです。さすがですね。

　最高のマナーとは相手に不愉快な思いをさせない、相手に恥をかかせないように細やかな心配りをすることなのです。実はマナー違反を声高に指摘することこそ最大のマナー違反です。冠婚葬祭などでのマナーの間違いを面と向かって指摘するような人は、最大のマナー違反をしていることになります。
　私たちもヴィクトリア女王の精神を見習って、最高のマナーと心配りあふれるおもてなしを目指したいものです。

33

まずは先輩の真似から。
経験と技術の蓄積である
暗黙知を身につける

「暗黙知」という言葉があります。

ハンガリーのブダペスト出身の物理化学者、社会科学者マイケル・ポランニーが提唱した概念です。ひと言でいうと言語化できない知識のことです。

大工さんや職人さんなど熟練者による技能技術はマニュアルにできないものがたくさんあります。長い間に培われた経験と熟練技術が積み重なった知識や直感力のことを「暗黙知」というのです。

CAたちの仕事も、まさに「暗黙知」の世界です。

基本的なマニュアルはありますが、素人や新人がちょっと練習してできるものではありません。

お客さまへの対応もTPOによってどんな口調、どんな態度で接すべきかは変わっていきます。これは口で説明してもらっても、簡単に実行できることではないのです。CAだけでなく、接客という仕事は多くの「暗黙知」が求められます。

暗黙知を身につけるうえで大切なのは、第1に本人の心がけです。時に失敗しながら自ら体験を積みながら学んでいくしかありません。

そして第2は経験のある先輩たちの存在です。先輩の技をじっくり見て真似しながら暗黙知を身につけていくのです。どんなにすごい技をもったプロも最初は素人、もの真似からスタートするのですから。

「真似る」の語源は「学ぶ」といわれます。そして仕事を似せる作業の連続が「仕似せ」となり、最終的には「しにせ（老舗）」になるのです。先輩たちをひたすら真似するところから始める。あらゆる仕事において習熟するためのスタート地点はそこです。

34

日常的なミスを軽く考えずに
原因を調べ、対策を立てることで
大きな事故を未然に防ぐ

第4章
心に寄り添ったサービスには「リピーターのお客さまが74％以上」つく

仕事をしていて以前なら難なくこなせていたことで失敗したり、不注意なミスが続くといった経験はありませんか？

　接客の仕事でしたら、オーダーを間違えたり、あるいは食器を割ってしまったり……。ここまでの失敗ではなくても、グラスに注ぐ水をうっかりこぼしそうになったり、あやうく皿を落としそうになったりといったことなら誰でもあるでしょう。

　こうしたちょっと不注意から発生した日常の「ヒヤリ」、「ハッ」とする「ヒヤリ・ハット」現象は、大事に至る前兆の可能性がかなり高いのです。

「ハインリッヒの法則」という安全についての有名なピラミッド型の図式があります。
　それによると頂点にある1つの大事故（致命的なAccident）の下には29の事故（Incident）が存在し、その底辺には普段は不注意と軽く片づけられている300のミス（Trouble）があるといいます。

　JAL国際線の客室乗務員をしていたころ、私はミスが目立つCAを注意深く見守るようにし、また全体に小さなミスが増えたときは、その原因を細かくチェックしました。

些細なミスであっても軽く考えずに、トラブルは小さな芽のうちに一緒になって原因を明らかにして対策を立てることが大切です。
それによって大きなトラブルを未然に防ぐことができるのです。

35

「LEADER」
の6文字に示された
理想的なリーダーの心得

組織やチームを引っ張るリーダーの存在が注目されてきています。
リーダーとボスの違いは何でしょうか。

ボスは部下に「あれをやって」と命令して終わりですが、リーダーはチームのメンバーとともに「一緒にやろう」という存在です。そして今の時代、メンバーと一緒に動くリーダーが広く求められています。

リーダーの役割は英語の「LEADER」という綴りの6つのアルファベットで説明できます。

最初のLは「Listen」。

部下たちの話を「なるほど」とじっくり聴くこと。これはリーダーにまず求められる大切な役割です。
「聞く」と「聴く」は違います。通りすがりに「門で耳に入った」話を聞くのが「聞」く。「耳＋思考・目・心」を組み合わせ、さらに「十四」回と書くのが、「聴」くです。

次のEは「Educate」。

教えて育てるということです。相手のいいところを引き出して伸ばしていかなくてはなりません。

語源は、助産師さんが産道から赤ん坊を引き出す意味のラテン語、EDUCOです。よいところを見つけて引き出し、それを教えて育てあげる"教育・Education"。

Aは「Assist」。

しっかり支援すること。これによって部下は安心して、そして思い切り業務を遂行できます。

Dは「Discuss」。

目標や目的のために話し合うことです。
「なぜできないか！」の解説ではなく、「どうすればできるか！」の解決策をリーダーと部下が熱く議論できてこそ、よいチームといえるでしょう。

　気をつけなくてはいけないのが、日本人はDISCUSSが苦手な点です。

　CHAT（くつろいだ談笑）→TALK（打ち解けた会話）→DISCUSS（あらゆる角度から論じる）→DEBATE（反対賛成を議論討論する）→ARGUE（お互い自己主張で口論する）→QUARREL（腹を立てての口喧嘩）→CONFLICT（ののしり合いの衝突）と変化しますが、日本人はTALKまでは何でもないが、DISCUSSあたりで感情を交えがちです。相手が食い下がると感情的になって、いきなりQUARRELで立腹してしまうこともあります。よりよい結果へ向かっての相談なのですよ、というスタンスを常に崩さないことです。

　次のEは「Evaluate」。

　評価するという意味です。社員たちの働きをしっかり評価し、褒めることです。正当に評価されることで社員のやる気はぐんと上がり、自信をつけ、さらに能力を伸ばしていきます。

　惜しみなく誉めて評価してあげること。誰でも、よかれと思って日々行動をしているわけですからね。

　認められようと努力しているのですから、口に出して評価してあげることが最高のプレゼントです。プチ成功体験、勝ち癖の積み重ねはさらなる自信を植え付けて仕事が面白くて仕方がないようになる。自信とは、自分を信じること。誉められ続け、評価されることで一流への道を一直線に走るのです。

最後のRは「Review」。

復習・反省し、誉めて力を倍加させる――。

孔子は、「過ちて改めざる、これを過ちという」と言っています。

失敗した過ちの部分を指摘して非難するのは誰でもできる。どんな些細なことでも必ず誉める箇所はあるはず、それを探してまずよいところを誉める。よいところを認められ、誉められて怒る人はいません。気分をよくして心を開いたところで、あの部分でもう少しこうすれば結果ははるかによかったのじゃないかな、だから次回はもっとうまくいくはずだよ、あなたはきっとできる！と優しい母親みたいに自信をもたせるアドバイスをすることです。失敗者は1回の失敗で諦め、成功者は10回の成功でも次の成功を夢見る。

――"ＬＥＡＤＥＲ"の頭文字をもじって考えてみるだけでも、以上のようになります。

肝心なことは、名選手が必ずしも名監督になれるものではない、常に自らが無知であることを謙虚に知り、切磋琢磨の日々であることを忘れないで、「健全なる不満・Healthy Discontent」をもち続けることです。

36

心に寄り添ったサービスを
することで
リピーターのお客さまが
74％を超える

接客業をはじめ、さまざまな業界で「顧客満足」が注目されています。英語では「CS（Customer Satisfaction）」と呼ばれていますが、サービスや商品に対するお客さまの満足度を高めることで、常連客を増やしていこうというマネジメント上の戦略です。

　たとえばレストランで安定した経営を実現するには、リピート客が全体の74％以上でなくてはならないとされています。10席のうち7席以上はリピート客が座っているということで、かなり高い割合です。
　常連率74％を実現するには、相当高い水準でお客さまに満足していただかなければなりません。ではどうしたらよいのでしょうか。

　レベルの高い料理や行き届いたサービス、素敵な内装、あるいはちょっと変わったメニューや人目を引くような店員たちのパフォーマンスなどがあって、話題になっているお店だとしても、人はなかなか常連客にはなりません。
　世の中には話題のお店、注目のお店がたくさんあります。普通に満足したとしても、多くのお客さまはまた別の気になるお店をチェックしに行ってしまうでしょう。
　つまり単純に好奇心を満足させるレベルの料理やサービスでは、常連客になるまでの顧客満足は得られないということです。ではなにが必要なのでしょうか。

　自分の行きつけのお店のことを考えてみましょう。
　よく行くお店は別に「評判の料理」や「素晴らしい内装」のお店だからというわけではないでしょう。もちろん料理もおいしいけれど、なによりもそのお店に行くとホッとして落ち着けたり、顔なじみのスタッフがにっこり微笑んでくれて、ちょっと世間話ができた

り、緊張せずに和める……といったお店だからではないですか？なじみのオッちゃん、おばちゃんがいて気軽に世間話ができる、"自分のことを知っていてくれる"、そういうお店なら何度でも通いたいと思うものです。

　お客さまは、心地よい自分にとっての止まり木や隠れ家を求めているのです。

　74％以上のリピート率を目指すなら、**派手で人目を引くようなサービスを追求するのではなく、お客さまを家族や友人のようにもてなすサービスを追求すべきです**。実は、さりげなくお客さまの心に寄り添ったサービスのほうがずっと高度で難しいのですが……。

　毎日、お客さまを家族のようにもてなすサービスができるように地道な努力を続けましょう。そうすれば次第に、常連となるお客さまが増えていくことでしょう。

37

小さなほころびを見逃さず
最高の状態を保つことが
最高のサービスにつながる

「割れ窓理論（Broken Window Theory）」という論があります。

 同じような自動車を2台、1台はフロントガラスにヒビを入れ、もう1台は何もしない普通の状態で住宅街に1週間放置しておきます。すると、フロントガラスがヒビ割れていた車両はすべてのガラスが割られ、金品がことごとく盗まれて壊されていました。一方、もう1台の車はまったく無傷のままだったのです。

 ちょっとしたミスや傷が放置されると犯罪行動などを誘発し、際限なく悪い方向に流れていくことを示した、アメリカの犯罪実験理論です。

 この理論を参考にしたニューヨーク市はかつて、落書きだらけだった地下鉄の車両を市職員が一丸となってきれいにしました。その結果、危険で不潔な乗り物というイメージのあった地下鉄は突如、清潔で安全な街の乗り物に変身したのです。

初期の小さなほころびを決して見逃さずに、いつもきちんとした状態を保つことが何事においても大切なのです。ほころびを放置しておくと、次第にその状態に慣れて感覚がマヒして際限なく汚れたり、散らかったりしていきます。

　大勢のお客さまが1つの空間で長い時間を過ごす飛行機でも「ブロークン・ウィンドウ」の考え方は非常に大事です。
　JALでは客室乗務員によるこまめなトイレ掃除を伝統的に心がけてきました。トイレはちょっと汚れると、あっというまに惨憺たる状態になります。そしてトイレが汚いとお客さまのストレスや不快指数も高まります。
　たかがトイレ掃除と思うなかれ。
　小さな「ほころび」を許さずに、いつも最高の状態を保つこと。
　JALの機内サービスが長年にわたって高い国際的評価をいただいてきたのは、こうした基本姿勢にあるのです。

38

最高のおもてなしには
スタッフへの「権限委譲」と
「評価」が欠かせない

　リッツ・カールトン大阪の営業統括支配人や、京都全日空ホテル支配人などを歴任した故・林田正光さんは、常にお洒落で恰幅のよいジェントルマンでした。

　私は林田さんと一緒に著名旅館を覆面調査などで回ったことがあります。
　同行するなかで、接客やサービスについての貴重なお話を数多くうかがう機会に恵まれました。
　特に印象に残ったお話の1つが顧客満足を高めるには現場スタッフへの「権限委譲（Empowerment）」が不可欠だということです。

　接客の現場では予期せぬことが幾度となく起こります。マニュアルどおりに対応していてはお客さまに満足していただくサービスができないこともしばしばです。
　そこで最前線の担当者にすべての判断と権限を任せようというも

のです。

　リッツ・カールトンでは「権限委譲」を浸透させるためベテランも今日入ったばかりの新人も最高2000ドル（20万円）まで自己裁量で使えるそうです。

　ある日、ホテル内の高級レストランに子供を連れた若い夫婦が来店しました。腕白ざかりの子供は泣き叫んだり、騒ぎだしました。近くにいた新人ウェイターがさりげなく両親に注意を促しても状況は変わりません。周囲のお客さまが眉をひそめる状況にウェイターは、ホテルの売店に向かい２万円もする大きなライオンのぬいぐるみを借りてきました。騒いでいる子供に渡すと、ものの見事に静かになったそうです。帰り際にも子供は人形を離さず、そのまま持ち帰りました。

　この若い両親のマナー教育についてはさておき、誰がぬいぐるみ代の２万円を負担すべきかという問題が残ったのです。

　翌朝のミーティングで社長は、新人ウェイターのとった行動を皆の前で何度も繰り返し褒めました。もちろん、ぬいぐるみ代は、新人ウェイターの「自己裁量」として当たり前のように認められたのです。これをきっかけにホテルでは「権限委譲」は一気に広まり、スタッフが勇気と遊び心をもって、それぞれに知恵を使ってサービスを行うようになりました。

　興味深いことにスタッフに与えられた自己裁量のお金は、意外にもほとんど使われていないそうです。現場最前線での自主判断に任せきる「権限委譲」でサービスの質が上がり、大きなトラブルが未然に防止できるようになったからです。

39 湯布院を日本有数の人気温泉地に育てたたった1つの理由とは?

　日本でも有数の温泉町となっている大分県の湯布院ですが、昔は別府温泉に隠れてほとんど無名な温泉地でした。ここを今日のように多くの観光客が訪れる街に変身させるのに貢献したのが、湯布院の有名な旅館「亀の井別荘」の中谷健太郎さんです。

　私は中谷さんと少なからぬご縁があり、かつて中谷さんは映画業界で働いていました。助監督をしていたときに父親が急死したため、映画の世界から足を洗い、故郷に戻ることを決意したのです。
　そして無名の湯布院をなんとか観光地として立ち上げようと、さまざまな活動をスタートさせました。大分市内の映画ファンのグループを巻き込んで、映画館のないこの町で「湯布院映画祭」をスタート。俳優や女優、映画監督などを招待し、映画ファンとの交流の場を作り話題を呼びました。こちらの映画祭では映画人と映画ファンが夜遅くまで熱く語り明かす姿が見られます。
　こうして湯布院が少しずつ注目されるようになるなかで、中谷さ

んの旅館をはじめレベルの高い温泉旅館も次々と増え、町が活性化されていったのです。

　中谷さんの生み出したサービスの特徴は「お客さま参加型」であるところ。それは亀の井別荘でもあてはまります。宿泊料も高級な亀の井別荘ですが、連泊される方が多く、料理も毎晩変えなくてはなりません。そこで中谷さんはお客さまに「今夜は何を食べたいですか」と直接お尋ねするのだそうです。その要望に応じて食材を仕入れに行き、料理を用意するのです。

　お客さまとすれば、朝、頼んだ料理がテーブルに並ぶのですから、嬉しいですね。参加していることで楽しく、満足度も高まります。
　お客参加型のサービスは新しい形の接客として、さまざまな可能性を秘めているのです。

40

ホテルのパーティーの日程変更がスタッフに伝わっていなかった。さて、処分されたのは誰？

　ある企業の大パーティーの予約が、ホテルに入りました。宴会担当マネジャーや料理長は前日から万全の準備をして、待機。
　ところが、パーティー開始の時間を過ぎてもお客さまは誰一人お見えになりません。

　これはおかしいと予約を入れた会社に電話をしてみると、なんとパーティーは別の日に変更したとのこと。初耳だったホテルのスタッフたちは大騒ぎになりました。間の悪いことに営業部の予約担当の社員が休みを取っており、ようやく連絡がとれると、日程変更はずいぶん前になされていて、「上司に報告したはずですが……」と曖昧な口調だったのです。

　ホテルとしては大失態です。
　当然のことながら責任問題が厳しく追及されました。

ではいったい誰が処分されたのでしょう？　普通は営業部の予約担当者とその上司と考えるところですが、なんと実際に処分を受けたのは宴会担当マネジャーと料理長でした。

宴会担当マネジャーは事前にパーティーの内容について、お客さまと綿密に打ち合わせるはずであり、料理長も食事の要望や好みをお客さまにリサーチするはずで、本来なら日程の変更はすぐにわかったはずです。そうでなかったのは直前まで何もしていなかったからで、職務怠慢だということになったのです。

評判のよい会社は、その視点や目線がひと味違います。責任を押し付けるのではなく、本質的な原因追究を行ったうえで、よりコミットの高い者が責任を問われるのですね。本当にお客さまの立場に立ったサービスはそうした環境から生まれるのだと実感しました
「過ちて改めざる、これを過ちという」とは孔子の言葉ですが、**トラブルがあった場合は、誰が起こしたのかの責任追及ではなく、なぜ起こったのかの原因追究を行って、未来につなげていくことが大切なのです。**

ブラジルから凱旋帰国する 若き三浦知良選手との出会い

　JALといえば鶴が描かれた「鶴丸」マークのイメージを誰でも強くもちます。
「鶴丸」は半世紀近くにわたりJAL機と共に世界中を飛び回ったのち、JAS（日本エアシステム）との合併を受けて、2002年にいったん廃止され、その後、再生時の2011年に復活しました。

　今から四半世紀近く前になりますが、ブラジル、サンパウロ空港に降り立った時のことです。空港屋上の見学者デッキには日本人の老夫婦がいらっしゃいました。
「日航機だ。祖国日本の飛行機だ。万歳、万歳！　ああ、これでもう思い残すことはない」
　日焼けした深いシワに刻まれた老夫婦は涙を流し、お互いの手をしっかりと握りしめておられました。

　ご夫婦は10代後半に神戸港から移民船「笠戸丸」に乗ってブラジルを目指しました。長い航海の末にサンパウロから約60キロ南

方にあるサントス港に上陸したのは、60年以上も昔のこと。

　夢に描いた理想郷とはまったく違ったジャングルの荒野を、食うや食わずで開墾し続けての幾星霜。振り返れば孫たちに囲まれて80歳に手が届く年齢になっていました。故郷に一度も帰ることがなかったお二人は、一度でいいから死ぬ前にひと目祖国の飛行機だけでも見てみたい……とアマゾン河上流の奥地からまる2日もかけてサンパウロまで出てこられたとのことでした。
　ブラジルの奥地で艱難辛苦を乗り越えた老夫婦にとって、赤い「鶴丸」マークは懐かしき祖国の空気を運んできてくれる唯一の翼だったのです。

　同じころサンパウロで日本人のある青年に出会いました。
「あの？日航の方たちですか。昨夜も来ていましたよね。ご一緒してもよろしいですか」
　サンパウロの居酒屋で私たち乗務員が飲んでいると、その青年は気さくに声をかけてきて、一緒に夜中過ぎまでカラオケ三昧で大騒ぎをしました。

　聞くとサッカー留学でブラジルに来ているとか。歌も上手で、20歳そこそこの若者としては礼儀正しい好青年です。当時のブラジル便は週1便であったため、次の便が到着するまでの1週間、私たちクルーはまったくのフリーで、昼はゴルフやランバダ・スクールで特訓をしたり、広大なコーヒー園を訪問してバルバッコアを楽しみ、夜は居酒屋へ行くのが恒例となっており、そこで彼と出会ったのです。
　すっかり仲良くなった青年が「予定を早めて、帰国便は皆さんのフライトに乗ろうかな」と言うので、「それがいいよ。成田行きの

飛行機は僕たちは途中のロサンゼルスで交代するけれど、そこまでは内緒でファーストクラスに乗せてあげるからさ」などと酔っ払いの私はいい加減なことを言いました。

「いえ、もともとファーストクラスの航空券を用意してもらっていますから」と青年。「おお、言うじゃないか！」。私は青年の言葉を完全にジョークとしてその言葉を聞いていました。
　ところが……。

　寄港地のロサンゼルスで我々は乗務員交代で降機し、彼はそのまま成田へ向かいました。
　翌日、ロサンゼルスから日本に向かう次の乗務便で、日本から到着したばかりの真新しい新聞をお客さま用に準備していると、どのスポーツ新聞の一面にもあの青年の顔写真がでかでかと載っていたのです。
　彼の名前は三浦知良。「サッカー界の超スター、凱旋帰国」とあったのです。
　あの気さくな好青年が日本サッカー界の大スターだったとは！
　JALの国際線の客室乗務員の仕事をしていたお陰で、日系ブラジル移民の深い歴史に触れるきっかけになり、またサッカー留学をした新しい世代の息吹にも触れることができたのです。

第5章

サービスの極意はできない理由ではなく、「どうすればできるか」を考える

41

最高のおもてなしは
「パッション、ミッション、
ハイテンション」
から生まれる

目の前にいらっしゃるお客さまに最高のおもてなしをすることが接客をする者にとっての最終目標。眉間にしわを寄せて「どのようなサービスをするか」と考えてもよいサービスは生まれてきません。実は、最高のおもてなしを実現するには接客側も楽しむことが大切なのです。

　そこでパッション（Passion＝熱意）、ミッション（Mission＝使命感）、ハイテンション（High-tension＝気分高揚）の３つの気持ちをもってお客さまには応対しましょう。何よりも、接客という仕事が面白いものになってきます。

　お客さまから、実現が難しそうなご要望を受けたときも、熱意と使命感をもって一生懸命考えれば、解決策がひらめくものです。アイディアを練り、工夫して、そして高揚した気分でお客さまのためにサービスをする。その結果、お客さまがとても満足して、こぼれんばかりの笑顔を浮かべてくださったときの満足感は何ものにも代え難いものです。

　顧客満足（CS＝Customer Satisfaction）を高めるためには、接客側自らが仕事を楽しむことが一番。「よいサービスを提供する基礎には"Employee Satisfaction"（従業員満足）が絶対必要条件」です。

　かつて、JALのCAの乗務前ミーティングでは私はいつも「CSとは顧客満足であり、同時に乗務員満足（Crew Satisfaction）のことである！」とゲキを飛ばしておりました。

「仕事が道楽」と語れることは人生の至福。Passion Mission High-tensionでお客さまに接しましょう。
「仕事が義務であれば地獄、仕事が楽しみであれば天国」とはロシアの作家ゴーリキーの言葉です。

42

お客さまに瞬時に対応して
表現力豊かに接客できる
即興力が求められる

第5章
サービスの極意はできない理由ではなく、「どうすればできるか」を考える

最近では接客でもインプロヴィゼイション（Improvisation＝即興での対応）が重視されるようになってきました。音楽や演劇で用いられる手法のことですが、接客でもただ丁寧に応対するだけではなく、その場その場での当意即妙な表現力のある接客が求められてきているのです。

　たとえば明るい色の服を着ているお客さまがいらしたら「素敵なお洋服ですね。春めいた色で今の季節にぴったり。とてもお似合いです！」などと言いながら、普通より大げさ気味に、顔の表情や身振りでその気持ちを表現するといった具合です。ラテン系、イタリア人になりきったつもりで底抜けに明るい対応をしてみると自分も楽しくなるものです。

　日本は以心伝心の静かなコミュニケーションが中心だったこともあって、言葉や身振りを使った表現はみなさんあまり得意ではありません。

　現在の私の会社では即興の表現力を養うため、演劇訓練を取り入れた研修も行っています。

　プロの俳優からインプロヴィゼイションを学ぶことで、次第に瞬時対応力や説得力のある豊かな表情やゼスチャー表現ができるようになります。

　なにより従業員自身が明るく行動し、職場も楽しくなってきます。

　アドリブという言葉は「好みに合わせる」という意味。まさに接客の基本ですね。そして瞬時に対応する即興能力は訓練することでかなり上達します。

　仲間内でどのようなジェスチャーや応対動作表現が楽しく、サマになるのか練習してインプロヴィゼイションを身につけるとよいですね。そしてお客さまを大いに楽しませ、自らも楽しく仕事をしてください。

43

スタッフ同士の理解と協力が
感動を呼ぶ。
素晴らしいサービスを実現した
リッツ・カールトンの人々

お客さまへの最高のおもてなしには一人ひとりのスタッフの努力が不可欠です。さらにもっと大切なのはスタッフ同士がその思いを共有し、協力していくことです。

　リッツ・カールトン日本支社長だった高野登さんに聞いた、アメリカのリッツ・カールトンホテルでのエピソードがあります。
　日が沈み始めたビーチで掃除係のボーイが椅子を片づけていました。すると一人の男性が来て「今夜ここでプロポーズするつもりなので、テーブル１つと椅子２つを残しておいてくれないか」と頼み、ボーイはウィンクしてOKしました。

　さて夜が来て、くだんの男性が恋人と一緒にビーチに戻ってくると、なんとテーブルにはきれいなクロスが掛けられ、キャンドルと真っ赤なバラの花が飾られていました。それだけではなくシャンパンも冷やして置いてあります。
　そしてテーブルの横には先ほど後片づけの作業をしていたはずのボーイがタキシード姿で立ち、うやうやしく恋人の椅子を引いてくれたのです。まさに王女さまのような気分のなか、プロポーズされた女性の答えはもちろん「イエス」でした。

　注目していただきたいのはこの素敵なプロポーズが実現した背後には、数多くのスタッフの理解と協力があったということです。
　掃除係のボーイは、宴会係が使っているタキシードを貸してもらい、パントリーへ行って業者販促用のシャンパンを何とか１本調達しました。さらにパーティーが終わって後片づけをしている係からバラの花を分けてもらって、花束を作る……。このうちの誰か一人でも「ノー」と言ったら、連鎖のチェーンが切れて、あの素敵なプロポーズの舞台は実現しなかったのです。

44

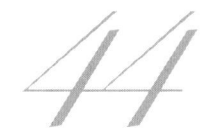

子供のアイディアでも
それが良いものなら、
柔軟な頭で取り入れる

第5章
サービスの極意はできない理由ではなく、「どうすればできるか」を考える

元総理の細川護熙さんが熊本県知事だった時代のことです。昭和天皇が阿蘇山に来られるのをどのように歓迎するかで県庁職員が企画を出し合いましたが、就業時間が過ぎても結論が出ません。
　そこで県庁の庭の芝生に出てさらに話し合いが続きました。

　ある職員が、幼稚園にわが子を迎えに行った後に再び参加しようとしたところ、その子供が「道の両側をお花で飾ればいい！」と口にしたそうです。
　子供の無邪気な言葉に対して大人たちは「何キロもある沿道を花いっぱいにする予算なんてあるわけないし……」と大笑いしました。
　ところがそれを見ていた細川さんは「なぜできないかではなく、どうすればできるかを考えるように」と一喝。そしてそこからすべてがスタートしました。

　花の種を各家庭で育ててもらい、その大切な自分の鉢を当日持ち寄って、大勢の人たちが沿道に並んだのです。阿蘇山まで続く花いっぱいで飾られた沿道で旗を振る人々に、天皇陛下は感動されたとのことです。
　子供のアイディアを一笑に付して否定した大人たちのように、新しい企画やアイディアに対して「できない」「無理」という人たちは多いですね。こういう人たちはもっともらしい理由をたくさんつけて「なぜできないか」を説明し始めます。

　大切なのは細川さんの言葉のとおり「どうしたらできるか」を考えることです。本当は「やれない」とされたことのほとんどは実現できたことで、単に「やらなかった」のにすぎないのですから。

45

「頭で理解する」のではなく
「行動に移す」ことができるかで
その後に大きな差が生まれる

第5章
サービスの極意はできない理由ではなく、「どうすればできるか」を考える

日米のプロ野球で活躍した松井秀喜さんの実家がある石川県根上町（現・能美市）に行ったことがあります。そして松井さんが小学３年生のときに書いたという「書」を見ることができました。

「努力できることは才能である」

　いいと感じたら、素直に努力する。ひたすら努力できるのは、１つの才能だということです。
　努力はその気になればすぐできると思っている人が多いようですが、実際にはひたむきに努力できる人は決して多くはありません。「ほかにもっとよい方法があるかも……」と半信半疑な状態で、本気で努力しない人の何と多いことか。

　客室乗務員を退職後、人材育成活動を中心とした会社を立ち上げた私は、接客の方法や社員育成法といったことについてお話をする機会があります。話に感動して感想を寄せてくださる方も大勢いらっしゃるのですが、講演後に私の言ったことを素直に行動に移す人の数は限られています。頭では理解したつもりでも、心でわかろうとしなかった人は、結局行動に移さないのです。

　実際に行動を起こした会社では売り上げアップや社員のモラルが上がったのに対して、何もしなかった会社は業績が低迷していった……という例も少なくありません。
「知識の差は小なり、行動の差は大なり」です。
**　これだ！と思ったことを素直に行動に移せるか、努力を続けることができるか。それが明暗を分けるといっても過言ではありません。**

46

50代で客室乗務員から転身。
挑戦を続けることで
チャンスを生かす

客室乗務員生活30年で私は飛行機を降りました。地球を860周した計算です。ちょうど50歳、以前から考えていた私の人生設計図どおりでした。

　JALの管理職転身支援制度を受けての、雲の上から地上への転職でした。
　これまでの会社での経験を生かした業務内容で社外起業をするという事業計画書が認められることが条件の、結構厳しい本社での審査でした。合格すれば、不景気のなか何とも恵まれた助成条件でした。

　ところがこの制度の適用を受けて転職しようという管理職はほとんどいませんでした。

　理由は1つ。飛行機から降りた後、単独で何をしていいかわからないからです。大企業で、マニュアルどおり、周囲に波風を立てずに、可もなく不可もなく何もしないのが優等生という環境でずっと働いてきた管理職たちは、起業しようにも具体的なビジネスプランをまったく思いつかなかったのです。
　ある意味、"人生のフライト・プラン"ももたずに、ただ気ままに飛行していたとも言えます。
　私はこのチャンスを生かしてやりたいことがありました。それは世界の空で見聞してきたこと、特にファーストクラスで出会った人々との貴重な交流を通じて得たことを基に、人生の成功法則を広く伝えるというビジネスです。

　そこで英語で「Institute of Success Technology Japan」、登記上、日本語にすると「日本成功学会」という少々得体の知れない株式会

社の社長に就任したのです。
　事業内容は、JALの優秀な経験をもつOBやOGなど幹部経験者を再活用しての「人財」育成活動をしています。

　人生の環境は突然急変します。ピンチもあれば思いがけないチャンスもあります。そしてチャンスを生かすには、常に夢を描き、準備をしていなくてはなりません。
　勝利の女神は準備してスタンバイしている者にしか微笑みかけません。
"チャンスは練って待て！"なのです。
「最初は誰もが素人」「ヤレないのではない、ヤラないのだ」という言葉をモットーにさまざまな挑戦を続けてきたことが、50代からの起業に大きな助けとなりました。

47

サービスで大切なことは いかに「ノー」を言わずに お客さまに対応できるか

　サービスやおもてなしの最も重要なポイントの1つは「お客さまにいかにノーと言わないか」です。といっても、お客さまのご要望をすべて受け入れなくてはならない、という意味ではありません。
　要望にはできるかぎりお応えしたいですが、時間的に無理であったり、ご希望の品物がなかったり、あるいは規則によってできないこともあるでしょう。

　そうしたときにどのように対応するかが大事です。ダイレクトに「できません」とお伝えするのは、お客さまに「ノー」と叫んでいるようなもの。そのような言葉を浴びせられては、自分が否定された気分になる方もいるでしょう。**いかに「ノー」の表現を使わず、お客さまの気持ちを傷つけずに対応できるか**——これこそが接客の**奥義**。接客のプロの腕の見せどころです。

　たとえばあなたが、JALのCAだとして、機内に搭載していない

雑誌をお客さまが希望されたら、何と答えますか。「ありません」では当然のことながらだめです。「申し訳ありませんが、その雑誌はこの便には搭載しておりません」なら一応合格です。

　私なら「この機内に搭載しているか不確かですので、すぐに調べてまいります。少々お時間を頂戴できますでしょうか」と応対します。ないことを知っていてもこのように言うのです。そしてしばらくして、希望の雑誌がなかったことをお詫びしつつ、ジャンルの似たような代わりの雑誌を多めにお持ちします。こうすれば、お目当ての雑誌が読めなくてもお客さまは「ノー」と言われた気はしません。「私のためにここまでしてくれているのか！」と感謝してくださいます。

　見たまま感じたままをダイレクトに表現するのなら、誰にでもできます。「ノー」と言わずに対応ができる。お客さまを傷つけないように考えて対処するのは熟達した接客のプロにしかできません。

48

「お待ちください」は命令形 命令しない美しい表現で お客さまに接することが できるか？

お客さまに命令してはいけない……。

これは接客においては基中の基本です。

そんなことあえて言われるまでもないことと思われるでしょうが、実際にサービスの現場で耳を澄ませると、お客さまに命令しているスタッフが多いのにびっくりします。

「お待ちくださいませ」。レストランや飛行機内でもよく耳にする言葉です。一見丁寧な言葉で何の問題もなさそうですが、実はこの言葉は本質的にはお客さまに「待て！」と命令しています。なぜならお客さまにまったく選択の余地を与えていない言葉なのですから。

丁寧な言葉遣いに聞こえるので、接客をする側は礼儀をわきまえた対応をしているつもりでも、これはお客さまに「命令」しているのと同じです。あなたにも経験ありませんか？

サービスの現場では、お客さまにお待ちいただかなくてはならないことはしばしばあるでしょう。そういうときには「申し訳ありませんが、少々お時間を頂戴できますでしょうか」といえばよいのです。結果としてお客さまにお待ちいただかなくてはならないのは同じなのですが、「時間を頂戴できますか」という表現で、待つか待たないかの判断をお客さまに委ねているところがポイントです。そして、「5分ほど」などと、より具体的に伝えればパーフェクト。とっさに適切な言い方を思いつかなければ、最低限「〜していただいてもよろしいでしょうか」とお客さまに判断を任せる言い方をしてみましょう。

　こうした表現の工夫がさらりとできるようになれば接客のプロ、おもてなしの心がわかっている人ということになります。
　規則や規定、安全上の問題から、時にはお客さまに「命令」をしなくてはならない場合もありますが、それはあくまでも「緊急時」。できるかぎり「命令」しない美しい表現でお客さまに応対する「接客のプロ」を目指してください。

49

前代未聞のカラオケ・フライトを
実現させたのは
「やればできる！」の精神だった

　国際線の客室乗務員時代に、私は「カラオケ・フライト」という史上初のフライトを企画して、計7便、飛ばしたことがあります。

　さらにそれにも飽き足らず、北島三郎ファミリーを口説き落として、世界初の「1万メートル上空・機上コンサート」も実現させました。飛行機の座席を24席も取り外してステージを作った生演奏の、本格的なギネス挑戦の世界初コンサートです。北島三郎さんとは一面識もなかったので、電話番号案内で連絡先を調べることから始め、フライト明けの休みを利用して事務所に押しかけて、話を聞いていただいたのです。

　飛行機を大改造して、そこにステージを作ったのですから規制、規則でがんじがらめの航空業界の既成概念を打破する試みでした。周りに賛成者は一人もいない中、まさに孤軍奮闘状態。

他部署の領域へは足を踏み入れてはいけないタテ組織社会の大会社JALにおいて、私は単なる乗務職。営業や企画業務はまったくの素人。

　本来の客室乗務員の仕事からは大きく逸脱していましたが、「誰もが最初は素人」「やればできる」という信念で未知の分野の仕事に好奇心で踏み込んでいきました。

　日本社会は「マニュアル」が絶対視される傾向にありますが、本来、マニュアルとは最低限、これだけはやっておこうというもので出発点にすぎません。ところが日本ではマニュアルが「到達点」と誤解されてしまっています。

　マニュアルからスタートして、自分でいろいろなことを加えてチャレンジするから仕事は楽しいのです。私の場合はマニュアルから少々逸脱しすぎたきらいもありましたが、お客さまに楽しんでいただくにはマニュアルを超え、さまざまなチャレンジが必要です。

　いつの時代も、世の中を面白く変革する異端児は「ヨソ者」「ワカ者」「バカ者」です。お窺い・横並び・根回しの３点セットにこだわらないアホすぎるくらいの強烈さが人生を面白くします。

50

おもてなしはイエスの論理で。「知らない」「できません」を言わない対応を心がけたい

　タレントの萩本欽一さん（欽ちゃん）の事務所には3つの鉄則があるそうです。それは「質問するな」「できませんと言うな」「知りませんと言うな」。

　たとえば、欽ちゃんが「アメリカの16代大統領は誰だ？」と質問したとします。「知りません」と答えたらそこで話が途絶えてしまうからゼロ点。「それは私です！」とアホな答えでよいから、とにかく笑えて相手が突っ込みを入れられることを言えれば百点満点です。

　お笑いを目指す人たちだけでなく、あらゆる職業についている人、特に接客のプロを目指す人たちにも参考になる話です。

　お客さまからの質問に答えられないときや、要望にお応えできないときは機械的に「存じません」「できません」と答えるのではなくて、あらゆる代案を考えて「イエスの論理」でお答えすることが大切なのです。

ご希望の商品がない場合も「ないものはない」と馬鹿正直に「ノー」と言うだけでしたら、人間が接客しなくても、自動販売機で用は足ります。「申し訳ありません。その商品は入荷していないのですが、もしかしたらお好みに合うのではないかと思い、別の商品をいくつかお持ちしてみました」とさまざまな提案ができるから、人が接客する価値があるわけですね。

　レストランからの景色を見ていたお客さまから「あの鳥は何かしら」と中庭の木にとまっている鳥についてお尋ねを受けたとしましょう。鳥のことは何も知らなくても「わかりません」と突き放すのではなく、「きれいな羽の鳥ですね、何なのでしょうね」などと一緒に同じ方向を向きながら相づちを打ち、あとで鳥類図鑑をお持ちして、「お客さま、もしかしたらホオジロではないでしょうか」と対応して時間を共有すれば、お客さまはその熱意に心を打たれます。
　このように、徹底的に「イエス」の論理で応対して、イエスで双方向のキャッチボールすることこそがホスピタリティの基本なのです。

51

100×0はゼロ。
100×1は100。
たった一歩の行動が
大きな違いとなる

　1つの仕事を始めて5、6年も経ってくると、仕事に慣れ、それなりのスキルを習得する半面、新人のころの仕事への熱意や夢を忘れがちになります。
　JALのCAたちも例外ではありません。そこでかつて私はこの時期にあたるCAたちの研修でよく「夢を60個書きなさい」というタスクを出していました。60個というところがポイントです。こんなにたくさんの夢は誰もすぐには思いつきません。
　CAたちは小学生のころの記憶までたどりながら苦労して書き出すことになります。60個の夢を出してもらったら、その中で絶対に不可能なことにだけ×をつけていきますが、実は意外と不可能なことなどないものだということがわかります。また不可能だと思い込んでいても、可能であることを発見します。

　あるCAは「パイロットになりたい」という夢に×印をつけました。確かに年齢的にジャンボ機のパイロットには遅いですが、セスナな

ら可能です。

　そこで私は彼女に「どうしたらパイロットになれるか調査しなさい」と宿題を出しました。早速彼女は機長たちとの食事の席で情報を入手。アメリカや日本にセスナの学校があることを知ります。そこで彼女の中で何かが変わったのでしょう。すごいのはそこからで、パンフレットを取り寄せて、さっさと学校に入学。5年後にはセスナのライセンスを取得してしまいました。

　夢は「やれるか」ではなくて「やること」が大事なのです。夢はかなえるためにあるのに、やらずに諦める人がほとんどです。100×0はいつまで経ってもゼロです。でも100×1は100になります。たった一歩の違いがとても大きな差となります。大事なことは夢をもつことであり、行動に移すことなのです。

　さらにアドバイスを付け加えるなら、ぜひ夢達成の日付と番地を決めましょう。そして達成までのスケジュールを考え、夢が実現したときの具体的なビジュアルイメージを絵に描いてみるのです。よりクリアな目標を設定することで、夢を実現する確率は格段に上昇します。

column

プチ成功体験と達成感を たくさん経験したことが イチロー選手を大選手にした

　長年にわたって接客の仕事をしてきたことに加え、私はもともと好奇心旺盛な人間です。人と出会うのがなにより好きで、興味があるため、これまで実にさまざまな人と会話を重ねてきました。その数々の出会いの中で、人間には2つのタイプがあることを発見しました。

「α（アルファ）波」タイプと「β（ベータ）波」タイプです。
「α波」は楽しみながらリラックスしてポジティブに頑張り、「達成感」を重ねながら力を伸ばすタイプ。
　一方の「β波」タイプはストレスを感じながら、自らを叱咤しつつ、弱点を克服して力を伸ばしていくタイプです。
　日本人は刻苦勉励のβ波タイプの努力家が圧倒的に多いのですが、優れている人の中でも特に傑出した人たち、独創的なことを成し遂げた人たちは、α波タイプがほとんどだということに気がつきました。

代表的なα波タイプがイチロー選手です。
　京都大学で彼の脳波を測定したら、「楽しくて仕方がない」というアルファ波で満たされていることがわかりました。

　イチロー選手は毎試合、ベンチからバッターボックスに行くまでの歩数も決めているというのです。しかも第一歩は左足からということまで決めているのです。さらにバッターボックスに立ったら２回素振りをしてから構えるという、お決まりのスタイルも絶対に崩さないで続けてきたと、淡々と語るイチロー選手に驚嘆し、そして感嘆しました。
　スタイルを頑ななまでに守ってきたのは平常心をコントロールするためとのこと。「プラスの結果」をもたらしてきた行動を常にとることによって平常心が保たれ、プラスの気持ちでプレーに臨むようにしてきたことが、イチロー選手が最高の結果を出し続けてきた秘密なのでした。
　よい結果を出すためには「プラスの行動」を徹底して習慣化し、常にポジティブな気分で、平常心で物事に向き合うことが大切なのだとイチロー選手に教えられたのでした。

　イチロー選手のお父さんは子供時代のイチロー選手に対して、バッティング練習では必ずバットに当たるところにしかボールを投げなかったそうです。
　イチロー選手が苦手なところに投げて弱点を克服させるのではなく、ひたすら当たるところに投げてどんどん打たせたのです。
　やがて練習を繰り返すうちに「どんな球もバットを振りさえすれば必ず当たる」というアルファ波の刷り込みがイチロー選手の身体には染みついていきました。

いわばプラス思考、α波の刷り込みができたのですね。その結果、どんな悪球でもバットに当てればヒットを生み出す驚異のバッターに成長したのです。もちろん卓越した運動能力があってのことは言うまでもないことですが。

　まずはうまくできることを徹底してやって、そのスタイルを体や心に叩き込む。そして「プチ成功体験の積み重ね」と「達成感」をたくさん経験しておくことが、結果として人を大きく成長させるのではないか、とそのとき思ったのでした。

第6章

いかに事前の
準備ができるか。
待ち時間の過ごし方で
真価は決まる

52

1日1回
自分と握手できることをする。
その積み重ねが
相手に大きな感動を与える

大学の恩師と久しぶりに会うことになり、焼き肉店に入りました。学生時代によく通った名画座の話から久しぶりに映画でも観ようかと話が盛り上がり、注文を取りに来た店員さんに「このあたりに最近の話題作を上映している映画館はあるかな」と聞きました。店員さんは「どうですかね？」と首をかしげ曖昧に返事をしたのみで、オーダーを取ると厨房に消えました。

　おいしい焼き肉をいただき、どこかにコーヒーでも飲みに行こうかと相談していると、さきほどの店員さんが１枚のコピーを手に「大変、お待たせいたしました」と言いながら再度、現れたのです。

　その１枚の紙には近くにある映画館と上映時間が記載された新聞のコピー、そして手書きの地図まで載っています。そのうえ、コピー機の調子が悪くて遅くなったことを詫びる店員さんに私はとても驚きました。そこまでのことはまったく期待していなかったので、心から感激しました。

　こうした接客は上からの指示によるものかと聞いてみると、青年は「オーナーから"１日１回、何でもよいから自分と握手できることをやれ"と言われたんです」と爽やかに答えました。

　彼が私たちにしてくれたことのように、サービスを越えたところに感動は生まれます。

「自分と握手できることは何か」を考えるなかで、この青年は自然と人に感動を与えられる接客ができるようになっていったのでした。**人に感動を与えるサービスをしたいなら、まずは「自分と握手できるようなこと」を毎日必ず行うことから始めてみてはいかがでしょうか。**

53

認(みと)めて、褒(ほ)めて、肯定(こうてい)する。
"ミホコ"さんで接すると
お客さまはハッピーに

第6章
いかに事前の準備ができるか。待ち時間の過ごし方で真価は決まる

「伝える」という漢字は「人」と「云う」が組み合わされてできています。つまり気持ちや考えを伝えるためには、きちんと口に出して言わなくてはいけないということです。
　日本人は自分の気持ちや考えを口に出すのが苦手な人が少なくありませんが、黙っていては相手には伝わらず、理解してもらえません。

　仕事においても、そして私生活においても自分の気持ちを口に出して言う習慣をつけたいもの。

　特に「いいこと」はきちんと伝えるようにしてください。
　仕事相手はもちろん、あなたの周囲にいる人たちについて、「いいな」「素敵だな」と思うことがあったら、どんな些細なことでも素直に口に出して言ってみましょう。それだけで相手はとても嬉しくなります。
　マイナスな言葉は意識して取り除き、プラスの言葉で伝えるのがポイントです。

　人は認められ、褒められて、肯定されると誰もが嬉しく、ハッピーな気持ちになります。
　ですから、認める、褒める、肯定するの頭文字をとって今日から「ミホコさん」をモットーに生きてください。
　これは人間関係の基本。
　周りにハッピーな気分を振り舞いている人のところには自然とハッピーなことや素敵な人間関係が生まれてくるものです。

54

金メダルを取った人たちは
表彰台でのガッツポーズを
イメージしている人たちだった

機内の仕事を通して、私は多くの著名な方に接する機会がありました。

　オリンピックの金メダリストの方々にもずいぶんお目にかかったものです。親しくお話をさせていただくこともよくありましたが、そのなかで、金メダルを取る方々は、国籍はさまざまでも、大きな共通点があることに気がつきました。
　それは彼らの多くは金メダルを取ることが、ファイナル・ターゲットではなかったということです。「金メダルの表彰台に立ったときに、どんなガッツ・ポーズをとるか」を具体的にイメージしていた人たちなのです。

　トップレベルのアスリートであれば誰もが金メダルを目指していることでしょう。そのなかにあって実際のゴールドメダリストたちは、より具体的に、より高い目線に目標を掲げていたといえます。
　表彰台の上でのガッツ・ポーズを考えていた彼らは、漠然と金メダルをイメージしていたライバルたちよりも強い信念、強い願望をもってトレーニングに励んだ結果、実際に夢を実現させたのです。

　ジグソーパズルの完成図を一度たりとも目にしていなければ、パズルを組み立て始めることは不可能。完成図をしっかりイメージしていればこそ、一つひとつのピースを探して当てはめていけます。

　夢を実現したい人は、より高くて具体的な目標を掲げ、強い信念をもって努力する。そうすれば成し遂げる可能性はぐんと高まります。"棒ほど願えば、針ほどかなう"のです。

55

今日ヤラないことは
10年経ってもヤレない！
人生という旅の目的地を定めたら
今日から実行に移す

第6章
いかに事前の準備ができるか。待ち時間の過ごし方で真価は決まる

人生は旅と似ています。旅ではまず行先、目的地を設定することからスタートします。そして予定を立て、飛行機や列車の手配をしたり、自動車に乗って出発します。

　同じように人生もまずは目的地をはっきり設定することが大事です。
「夢」という言葉を使ってもよいのですが、そうすると目指すものが漠然としがちです。そこで夢を具体的にとらえるために、住所番地をもたせ「目的地」としましょう。
　目的地を定めた後に、大事なのが飛行機でいえば「フライト・プラン」を立てることです。いつその目的地に到着するのか、そのためにどうするのかをプランニングし、そして実行していかなくてはなりません。

　旅行でも「いつか絶対にパリに行ってみたいね」と口で言っているだけでは、結局、いつまで経ってもパリには行けません。来年の春に行くと日付を決め、そのためのフライトやホテルを調べて、プランを立てるといった行動をすぐさま起こすからこそ実現するのです。ターゲットを明確にして、それを絵に描き、さらにそれを人に話すともっと効果的で、実現の確率が高まります。

　今日ヤラないことは10年経ってもヤレません。
　人生の目的地に確実に到着するために、フライト・プランを立てて、その実現のためにできることを今日からぜひ始めてください。
　お客さまと過去を変えることはできませんが、自分と自分の未来を変えることは、今すぐにでもできるのです。

56

最も大切な財産は「心構え」。
それさえあれば人は何度でも
立ち上がることができる

人間にとって命の次に大事なものは何でしょうか？
　ある功成り名遂げた人が「もしもすべて財産を没収されて、砂漠のど真ん中に放り出されたら、どうしますか」という質問をされたそうです。
　その成功者は落ち着いて「それでも大丈夫です。私にはまだ心構えという大事な設計図が残っていますから、また必ず成功してみせるでしょう」と答えたというのです。

　人生を彫刻作品にたとえるなら、2つの道具が必要になります。
　1つは「仕事・職業」というノミ。もう1つは「自身の像をどのように彫り上げるか」という設計図です。つまりそれこそがどのように生きるかという「心構え」ですね。

　心構えさえしっかりとしていれば、人は何度失敗しても立ち上がってやり直すことができます。

　時に「仕事」というノミを別なものに持ち替えることもあるでしょうが、「心構え」がゆるぎなければ怖くはありません。新しいノミの使い方をマスターして、再び人生をしっかり彫り込んでいくことができるのです。
　社会に出てまだ日の浅い若者も、数十年の大ベテランも大切なのは「心構え」です。「常に優しい思いやりをもってお客さまに接する」といったシンプルな心構えでよいのです。やがて年月を経るうちにさまざまな心構えが加わっていくことでしょう。
　心構えをきちんともち、そのとおりに仕事をしていく人は、きっと実りある人生を歩むことができるはずです。

57

反面教師ではなく、
「正面教師」から学ぶことが
成功への道の第一歩!

第6章
いかに事前の準備ができるか。待ち時間の過ごし方で真価は決まる

日本語は常々美しい言葉だと思っているのですが、「ああいう人にはなりたくない」という悪い意味の「反面教師」という言葉はあるのに、「あの人のようになりたい」という人物を示す言葉がないのは不思議だと、かねがね思っていました。

　ハーバード大学の教授で、ジョージ・ブッシュ元大統領も教え子にもつ霍見芳浩氏にお会いしたときにこの疑問を投げかけてみたところ、「それは正面教師というのだよ」という答えが返ってきました。辛口の評論とユーモア精神にあふれる霍見氏のことですから、とっさに思いついた造語かもしれません。「正面教師」とは言いえて妙の素晴らしい言葉です。まっすぐで度量の広い感じで、素直にその人の真似をしていきたい、その人からすべてを学びたいという感じがしませんか？

　同じような行動をとっていても好かれる人と嫌われる人がいます。接客でもなぜかグッド・コメントが多く寄せられる人、バッド・コメントをもらいがちな人がいます。彼らの接客は表面的にそんなに大きな違いがあるようには見えないかもしれませんが、何かが違うため、評価の大きな違いを生んでいるのでしょう。

　成功者になりたい人は、成功者を「正面教師」とすべきです。その人たちのことをまっすぐに見て、どんな行動をしているのか、どんな考え方をしているのかを学び、真似をするのです。まずは手本とすべき「正面教師」をもつこと——成功者への道はそこから始まると思います。

58

「なるほど」は
相手を認める万能言葉。
「しかし」は
相手と距離を置く拒絶言葉

「対人関係の原点は"なるほど"。接客をする人は、お客さまに"なるほど"と相づちを打つところから始めなさい」
　私がよくCAたちにアドバイスした言葉です。
「なるほど」のひと言は、実になんとも奥深い言葉です。相手の言葉に否定も同意もせずに「あなたのお話を私はちゃんと聞いています」というメッセージを送る相づちです。
　たとえ相手の言っていることに賛成していなくても、あるいは相手の言っている内容を完全には理解できてなくても、「なるほど」という相づちは使えます。

　人は誰でも相手から認められたいもの。とりあえず自分の話に興味をもって耳を傾けてくれれば、それだけで、とても嬉しいのです。相手との関係も「関心をもっていますよ」ということからスタートすることが大切です。お客さまとの関係においても同じで、最適な相づちは「なるほど」です。

　一方、人間関係をストップさせてしまう言葉の代表が「しかし」です。

　あなたの周りに「しかし」を連発する人はいませんか？　「今日はきれいな満月ですね」と言う相手に「しかし、お月見するには寒すぎますね」と答えたり、「メジャーリーグの○○選手、活躍してるね」といった世間話でも「しかし、期待されたほどではないですね」と必ずネガティブな言葉を返すようなタイプです。こういう人の周りからは友達が去り、人生でも大きく損をしてしまいます。
　これは一しか知らないのに十を知ったかぶりする、嫌われ者の特徴です。
「なるほど」が相手を認める言葉だとすると、「しかし」は相手を

否定し拒絶する言葉なのです。

お客さまとよりよい関係を作るには、「しかし」はNG言葉として即刻封印しましょう。
　そして「なるほど」という相づちをたくさん使ってお話ししてみてください。

　そして「SOS」がいつも口から出るようにするといいですね。
「S」は、凄いですねえ！　素晴らしいですねえ！　素敵ですねえ！
「O」は、驚きました！！　面白いですねえ！
「S」は、さすがですねえ！　最高ですねえ！

　これを言われたら、どんな人も照れながらも、まんざらではないはずです。

59

人生は多くの待ち時間から構成されている。待ち時間をどう過ごすかでその人の真価は決まる

　毎日忙しく働いている方々はあまり実感できないかもしれませんが、人生のほとんどは待ち時間です。

　たとえば4、5時間かけて回るゴルフにしても、クラブを振り上げて打つ瞬間はそれぞれ2秒間くらいです。後は一緒に回る人たちのプレーを見ていたり、次のホールへの移動といった「待ち時間」です。

　メジャーリーグで活躍しているイチロー選手にしても、実際にバッターボックスに立つ時間や、守備で活躍を見せる時間は、試合の中でもわずかな部分です。

　それは接客の仕事でも同じです。実際にお客さまにサービスしている時間はどれくらいでしょうか。勤務時間全体に占める割合は意外にそれほど大きくはないことに気がつくでしょう。準備している時間やお客さまがおいでになるのを待っているといった待ち時間のほうが長いはずです。

つまり人生は長い「待ち時間」の連続と、短い「本番」から構成されているのです。
　そして待ち時間に何をするかがその人の真価を決める重要な分かれ道となっているのです。
　漫然と待ち時間を過ごしていては、人生もぼんやりしたものになってしまいます。

　いかに待ち時間に「本番」に向けての準備をするか。いつでも最高の状態でプレーできるようにスタンバイするか。その心がけが、まず求められます。さらにスキルを高めたり、あるいは自分が本当に目指すべきゴールは何なのか、そのためにどのようなことをしたらいいかを考えるのも、待ち時間にすべき大事なことです。

　ちなみに人生の「大一番勝負」は突然やってくることもしばしば。そのときに十分な準備ができていなくても誰も待ってはくれません。いつ「本番」がきてもいいように、気持ちの準備をしておきましょう。
「チャンスは寝て待て」ではなく「チャンスは練って待て！」なのです。

60 毎日、プラスの言葉を10回口に出していれば夢はきっとかなう

人生には夢、目標が大切です。夢のない人生は目的地の決まらない旅のようなもので、あてどなく続く放浪の中で時間が過ぎていきます。

そして人生の目標は高く設定すべきだと考えます。なかには「どうせ頑張っても人間にできることは知れているんだから」と考える人もいるでしょう。

「口」に「プラス」と書くと「叶」という字になります。私は「自分にとってプラスなこと、ポジティブなことを十回言えば、夢や願いがかなう」という意味に解釈しています。毎日毎日プラスの言葉を10回、口に出していれば夢を絶対に叶えようという強い意思が生まれ、実現に向かっていくものです。

かくいう私は28歳のときに1300坪の山林を購入し、スコップを手に2年半かけてプールを手造りし、テニスコートやコンサートホ

ール、そして自宅まで造ってしまいました。もちろん国際線フライトの仕事の傍らです。自分の可能性に挑戦してみたかったからですが、この経験を通して「本気で願ってできないことはない」と実感しました。

その結果、手造りの自宅はNHKドラマ「ハゲタカ」の主人公宅としてロケに使用されたり、バラエティ番組で全国放映されたりと多くのメディアで取り上げられる機会に恵まれました。

こうした自らの経験を通して痛感したのは「ヤレなかった」という言葉は、ほとんどの場合、正確には「ヤラなかった」であるということです。

ヤレないかではなく、どうすればできるかを考えて行動すると、人生は楽しく、そして実り豊かなものに育っていきます。

「棒ほど願えば針ほどかなう」といいます。どうせ針くらいしかできないのだろうと目標設定したら針以上になることは絶対にありません。より高い願望をもち、その達成を強い信念をもって努力すること。実際に成し遂げた小さなことは強く思い描いた偉大な計画よりも素晴らしいのです。

夢を具体的に絵に描けるほどの強いイメージとしていつも心に想っていると、日々の繰り返しは自ずと潜在意識のオートパイロット・自動操縦に刷り込まれて、願いどおりの夢実現へと運んでくれます。

61

よいことを思えば
そちらの方向に身体は動く。
プラシーボ効果でポジティブに

　フライトで海外のホテルに宿泊するときは、クルーたちが団らんしやすいように会社で「クルールーム」を確保してありました。その日もクルールームにはCAたちが集まり、楽しそうに免税品店で購入したワインのテイスティングをしていたのです。

「このワインは辛口すぎるし、ちっとも余韻が残らないわ」とあるCAが感想を言うと、別のCAが「そう？　世界中のソムリエが金賞に選んだワインよ」とひと言。すると最初のCAは「えっ本当に？　…うーん、そういえばなんだか格調高い気品があるわ」と前言を撤回しました。
　私がワインのラベルを見てみると、スペリングは似ているけれど金賞受賞のワインとは産地もまったくの別物ではありませんか！　そのことを告げると、CAたちは大騒ぎ。会話はさらに盛り上がっていきました。
「金賞のワイン」と言われた途端に、「おいしい」と言い直したCA

は本当にそのように感じたのだと思います。「プラシーボ効果」ですね。

　プラシーボ効果とは、ただの小麦粉を絶大な効果のある新薬であると言って患者に与えると、本当に効果を発揮することがあるといった現象のこと。医学的にはなんと35％もの症状改善が見られたことが立証されているそうです。
　またプラシーボ効果は、毒ではないのに本人が毒だと信じていれば本当に体に悪く作用することもあります。
「金賞のワイン」だと思えば格調高い味に、「良薬」だと信じれば身体の自然治癒力が高まるのです。

　良くも悪くも人は自分が信じた方向に向かおうとします。となれば、なるべくポジティブな方向に向かいたいものです。「夢は必ず実現する」「私は困難に強い人間だ」とよい方向に思い込むようにしましょう。「プラシーボ効果」を人生にポジティブに生かしてください。

62 フライトで出会った人生の成功者たちには5つの共通点があった

ファーストクラスで私はこれまで多くのVIPに出会ってきました。地位や経済力はあってもストレスにさらされてピリピリした様子の方もおられ、ひと口に成功者といってもその内実はさまざまなのだということを実感しました。

そんななか、仕事でも大きく成功を収め、社会に貢献し、友人知己にも恵まれた「人生の成幸者」とでも呼びたくなるような方たちにお目にかかることもありました。

その方たちには5つの共通点があることに気がついたのです。

それは「明るく」、「元気」で、「遊び好き」、「欲が深く」て、「ええ加減」という点です。

「明るく」は、とにかくネアカで何があっても楽観的だということです。

こういう明るい人の周りには多くの人が慕って集まってきます。

「元気」はいつもプラスの言葉を口にする人のこと。プラスな言葉は自分自身も周りも元気にします。

「遊び好き」は好奇心旺盛な行動派ということです。
　何も夜中過ぎまで遊びほうけているという意味ではありません。なんでも見てやろう、手に取ってみようという活動の振幅が大きな活発な心を意味します。

「欲が深く」は「時間がもったいない！」と思い、短い人生の時間を大事にして、いろいろなことを経験してみよう、チャレンジしてみようということです。

　そして最後の「ええ加減」がポイント。決して借金を踏み倒して他人に迷惑をかけるといった「いいかげん」の意味ではありません。車のハンドルにある「遊び」のような余裕、アバウトさを意味します。何事もあまりにキチキチして、遊びがないと息苦しい人生になってしまいます。ほどほどのええ加減さが人を許すことのできる寛大さとなり人間の幅を大きくしてくれます。

　人生の「成幸者」を目指す方はぜひ、この５つを身につけてみてください。

63

カップに届かないボールは絶対に入ることはない。タイガー・ウッズのプレースタイルに学べ！

あるとき、ファーストクラスにゴルフ界のスーパープレーヤー、タイガー・ウッズ選手が搭乗したことがありました。

私もゴルフは好きで、フライト合間の海外ではよくプレーしました。海外は日本みたいに規則がうるさくなく、公営が多いので、初心者のCAでも気軽にコースを回れるのです。

そんなアマチュア・ゴルファーにとって、ウッズ選手のプレーでとても強く印象的なのがグリーン上でのパターです。必ずといってよいほどウッズ選手はカップを越すような強い勢いでパットを打っているのです。

なぜあれほど強くパットを打つのだろう？
機内でウッズ選手と一緒に彼のゴルフのビデオ放映を観ながら、私は直接、彼に質問してみました。
それに対して彼は実に淡々と答えたのです。

「カップに届かないボールは絶対に入ることはないから」

　カップを越えてしまうのを恐れて弱く打ち、手前でボールが止まってしまうよりは、リスクがあっても必ずカップまで到達するように強く打つ。そうすればカップに入る可能性はあるということです。

　なるほど、と思いました。目標を達成していく方たちを見ていると、その多くはウッズ選手のプレースタイルのように積極的に「出すぎる」ことを良しとしています。

「やらないでできなかった」ことよりは「やりすぎて失敗する」ことを選んで行動しています。
　目標は常に高く設定し、その達成のためにあらゆるチャレンジをする。失敗もしますが、またチャレンジを繰り返します。彼らは失敗を恐れないんですね。失敗者は１回の失敗で諦めますが、成功者は何度も失敗して再びチャレンジして成功をつかみます。そして10回成功してもまだ、次の成功を夢見ています。
　一度きりの人生。ウッズ選手のプレースタイルを参考に大きな夢の実現にチャレンジしたいですね。「出る杭は打たれやすいが、出過ぎる杭は打ちにくい！」ものです。

64

人生の「成功」は
ナンバーワンではなくて
オンリーワン。
人の数だけ成功はある

　30年にわたって客室乗務員を務めてきましたが、私の滞空時間は２万時間。１万メートル上空、雲の上は365日快晴の世界でした。その中で長い時間を過ごしたことは私の人生観にも少なからぬ影響を与えています。

　北極上空を通過するときに磁石を取り出してみると、針はぐるぐる回ります。丸い地球の北のてっぺんでは、どの方向を向いても360度、全方向が南だからです。

　天に向かって指をさせと言われれば、誰もが上に指を向けます。

　日本の反対側に位置するブラジルで同じことをすれば、まるで逆の方向を指さすことになります。丸い地球の上では、天の方向も場所によって違ってきて、「正解」はいくつもあるわけです。

　同じように人生においても「正解」は人の数だけあります。

「人生の成功とは何か」と尋ねられたらあなたは何と答えますか？

　ライバルたちを倒して、ある分野のナンバーワンになることが成功ではありません。

人生の成功は他人との比較で決まることではないのです。
　他人との競争に明け暮れた末にナンバーワンの座を勝ち得た「成功」は、ナンバーツー以下の敗者が常に存在していて、終わりのない緊張感と疲労感を伴うストレスだらけのものです。
　人生の成功とは自分自身の理想を実現することです。他人には重要ではないことでも、自分にとって大切なオンリーワンの理想であればいいのです。それは「成幸」であり、幸福感をもたらします。

　ナンバーワンを目指すと、他人との不毛な競争に明け暮れる人生になります。
　オンリーワンを目指すなら、たゆまぬ努力を続けていけばかないます。「成幸」を目指すならやりがいもあり、努力を続けること自体も幸せです。

column

マラソンは後半35kmが勝負。
高橋尚子さんが乗り越えた理由

　マラソンの金メダリスト高橋尚子さんから、マラソンランナーにとって「α波」は勝敗を分ける重要なポイントなのだというお話をうかがったことがあります。

　高橋さんによるとマラソンは後半の35キロ地点あたりが死ぬほど辛くなるそうです。「なぜこんな辛いことをしなくてはいけないの？」と名選手たちでも走ることが嫌でたまらなくなってくるころだそうです。脳はストレスのβ波優勢な状態で、血管が収縮して血流が悪くなるため、疲れが倍加し、ネガティブな気持ちになり、さらに肝心の走るスピードも落ちてきます。

　ここでβ波を何とかα波に切り替えられるのが強いランナーなのだそうです。高橋さんは沿道の自分を応援してくれている人たちを見たり、あるいは世界中のすごい仲間たちと一緒に走れてなんて自分はラッキーなんだろうとポジティブなことを考えることで、脳内をアルファ波に切り替える努力をするとか。すると不思議！　突然

身体が楽になり、スピードも復活してくるそうです。

　ポジティブな感覚、考え方がいかに人間の生理作用にとって重要かということですね。

　部下の育成にかかわる方は、ポジティブにリラックスした状況でスキルを身につけさせる「α波タイプ」の育成を心がけるといいのです。また自分自身を磨くときも、自分のできることを徹底して繰り返して身につけるようにすることをお勧めします。ポジティブに楽しく、アルファ波を出して大きく成長しましょう。

　ちょっと一歩前に出て、いつも明るく振る舞うようにすると性格も運命を変えることができます。
　人間はそのように振る舞っていると、必ずそのようになる！ものなのです。

「成幸者」になる一番簡単な方法は、常に、成幸者らしく楽しく振る舞い、成幸者らしく自信をもって話し、成幸者らしく背筋を伸ばして歩くことなのです。そうすれば体調や顔の艶まで輝いてきます。

おわりに

　プロ野球の投手が投げるストレートでも、かなり速い選手で球速150km近く、新幹線は300km、ジェット機900km、音速は1225km。
　そして宇宙船地球号は、この瞬間も秒速464m、時速1670kmで動いています。
　この今も音速以上で、あなたはカンオケに向かって突進していることになります。
　地球も飛行機も私たちの人生も、1秒すらも後戻りはできない。
　人生お一人さま1回限りの片道フライト、しかも、あなたはお客として客席に搭乗するのではない。
　超音速マッハ1.4もある時速1670kmの、《あなたの人生という飛行機》のコックピットに座っているキャプテンなのです。
　操縦桿を引いてぐんぐん上昇させようが、左右に向けようが、すべてはあなたの自由意思。
　テイクオフして5分たらずですぐ雲の上に出る。
　気分爽快、気宇壮大。丸い地球を眼下に、果てしなく広がる澄みきった大空を飛翔、自由自在！

　ヘルマン・ヘッセは言います。「太陽の輝きと暴風雨とは同じ空の雲ひとつ隔てた違った表情にすぎない、人生は甘いものにせよ苦いものにせよ、好ましい糧として今日のすべてを役立てよう」、と。
　悲観は感情、楽観は意思。

考えていると悲観的になるが、行動すると楽観的になるもの！
　ネアカは３倍得をする。
　人生という道は楽しむためのもの→道を楽しむ、"道楽"でいきましょう。
　自分と握手のできる日々をお過ごしください。
　人生のやり直しはできないが、出直しは今すぐにできる。
　誰の人生、それはあなたが決めること。

　この本で、正面教師たちの自然な素顔を参考に、自分がどの理想郷に着陸したいのか、世界に一つしかない自分だけの人生フライト・プランを描くにあたって素敵な羅針盤になれたら幸いです。

"今日ヤラないことは、10年経ってもヤレない！　Carpe Diem（今を楽しめ）"
　面白くなくちゃ人生じゃない！　さあ、「顔晴」りま笑！
"知識の差は小なり、行動の差は大なり"

　人生の操縦桿はあなたの手にあります！

Yes, You have control !!

［著者紹介］

黒木安馬（くろき・やすま）

文部省派遣でアメリカの高校を卒業。帰国後、早稲田大学を経て、JALに入社。国際線客室乗務員として30年間乗務、地球860周、飛行時間2万時間。カラオケフライトや、北島三郎・世界初機上コンサートなどの企画を実現。部下のチーフパーサーたち多くのグループや、CAを指導育成する管理職を経て、現在、ホテル旅館や企業の人財育成コンサルタントの㈱日本成功学会CEO、全国6千人会員の相互啓発勉強会【3％の会】も主宰。
主な著書に、『あなたの「人格」以上は売れない』（プレジデント社）、『出過ぎる杭は打ちにくい！』（サンマーク文庫）、『成「幸」学・人生の「正面教師」たち』（講談社）、『面白くなくちゃ人生じゃない』（ロングセラーズ）、『リセット人生、再起動マニュアル』、平家伝説『小説・球磨川』上下巻（いずれもワニブックス）などがある。
http://www.3percent-club.com

フライトタイム2万時間
元JAL国際線チーフパーサーが教える

ファーストクラスの心配り

2014年8月12日　第1刷発行

著　者	黒木安馬
発行者	長坂嘉昭
発行所	株式会社プレジデント社
	〒102-8641　東京都千代田区平河町2-16-1
	平河町森タワー13階
	http://www.president.co.jp/
	電話：編集　(03)3237-3732
	販売　(03)3237-3731
装　丁	竹内雄二
イラスト	気仙沼デザイン株式会社
編　集	岡本秀一
制　作	関　結香
印刷・製本	図書印刷株式会社

©2014 Yasuma Kuroki
ISBN978-4-8334 2090 7
Printed in Japan
落丁・乱丁本はおとりかえいたします。